赤シート×直前対策！

# note book

## 重要語句チェック&ぴたトレ専用ノート

### 社会公民

赤シートでかくしてチェック！

◀ 「ぴたトレ note book」は取り外してお使いください。

# notebook の使い方

重要語句チェックと専用ノートが1冊になっています。ぴたトレとセットで使って，学習に役立てましょう。

## 1 重要語句チェック 赤シートを使って，重要語句を覚えよう！

**図解チェック**
テストによくでる重要資料を確認しよう！

**一問一答チェック**
左の答えを赤シートでかくして，右の問題文を読もう！
重要語句を覚えているか確認しよう！

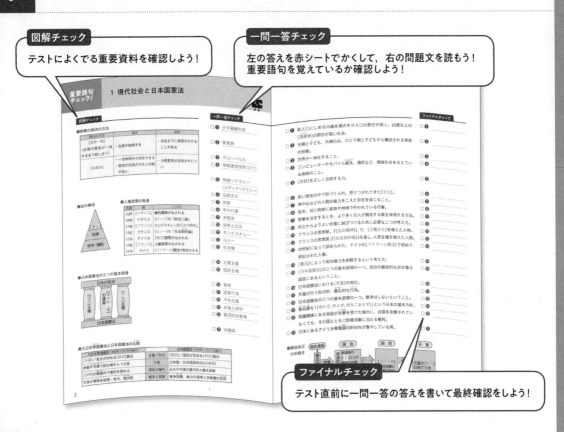

**ファイナルチェック**
テスト直前に一問一答の答えを書いて最終確認をしよう！

## 2 専用ノート 自分の学習コース（ぴたトレp. 2 - 3 参照）に合わせてノートを活用しよう！

学習日とぴたトレのページ数を記入しよう！

ぴたトレの解答をノートに書こう！
問題をくり返し解くことで，知識が定着するよ！

自分がノートを見返す時に
わかりやすいように学習した範囲を書き込もう！
例：ぴたトレp.20-25の範囲の問題を解いた場合，
「ぴたトレp.20-25」と書き込む。

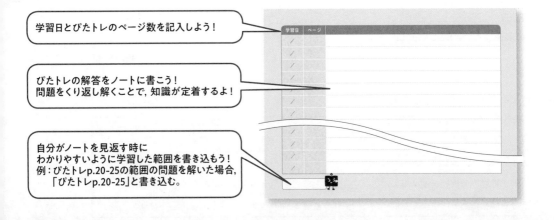

## 図解チェック

### ◉物事の採決の方法

| 採決の方法 | 長所 | 短所 |
|---|---|---|
| ［全会一致］<br>（全員の意見が一致<br>するまで話し合う） | ・全員が納得する | ・決定までに時間がかかる<br>ことがある |
| ［多数決］ | ・一定時間内で決定できる<br>・意見が反映される人の数<br>が多い | ・少数意見が反映されにく<br>い |

### ◉法の構成

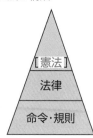

［憲法］
法律
命令・規則

### ◉人権思想の発達

| 西暦 | 国 | ことがら |
|---|---|---|
| 1689 | ［イギリス］ | 権利章典が出される |
| 1690 | イギリス | ［ロック］の「統治二論」 |
| 1748 | ［フランス］ | モンテスキューの「［法の精神］」 |
| 1762 | フランス | ［ルソー］の「社会契約論」 |
| 1776 | アメリカ | ［独立］宣言が出される |
| 1789 | ［フランス］ | 人権宣言が出される |
| 1919 | ドイツ | ［ワイマール］憲法が制定される |

### ◉日本国憲法の三つの基本原理

日本の政治

［国民］主権　［基本的人権］の尊重　［平和］主義

日本国憲法

### ◉大日本帝国憲法と日本国憲法の比較

| 大日本帝国憲法(1890年11月29日施行) | | 日本国憲法(1947年5月3日施行) |
|---|---|---|
| ［天皇］／君主が定める［欽定］憲法 | 主権／形式 | ［国民］／国民が定める［民定］憲法 |
| 神聖不可侵で統治権をもつ元首 | 天皇 | 日本国・日本国民統合の［象徴］ |
| ［法律］の範囲内で権利を認める | 国民の権利 | 永久不可侵の基本的人権を保障 |
| 天皇が軍隊を指揮・命令，徴兵制 | 戦争と軍隊 | 戦争放棄，戦力不保持と交戦権の否認 |

## 一問一答チェック

- ☐ ❶ 少子高齢社会
- ☐ ❷ 核家族
- ☐ ❸ グローバル化
- ☐ ❹ 情報通信技術(ICT)
- ☐ ❺ 情報リテラシー<br>（メディアリテラシー）
- ☐ ❻ 伝統文化
- ☐ ❼ 宗教
- ☐ ❽ 年中行事
- ☐ ❾ 多数決
- ☐ ❿ 効率と公正
- ☐ ⓫ モンテスキュー
- ☐ ⓬ ルソー
- ☐ ⓭ 社会権
- ☐ ⓮ 立憲主義
- ☐ ⓯ 国民主権
- ☐ ⓰ 象徴
- ☐ ⓱ 国事行為
- ☐ ⓲ 平和主義
- ☐ ⓳ 非核三原則
- ☐ ⓴ 集団的自衛権
- ☐ ㉑ 沖縄県

□ ❶ 総人口にしめる15歳未満の年少人口の割合が低く，65歳以上の[高齢者(こうれい)]の割合が高い社会。 □ ❶ _____

□ ❷ 夫婦と子ども，夫婦のみ，ひとり親と子どもから構成される家族の形態。 □ ❷ _____

□ ❸ 世界が一体化すること。 □ ❸ _____

□ ❹ コンピューターやモバイル端末(たんまつ)，通信など，情報社会を支えている技術のこと。 □ ❹ _____

□ ❺ [情報]を正しく活用する力。 □ ❺ _____

□ ❻ 長い歴史の中で形づくられ，受けつがれてきた[文化]。 □ ❻ _____

□ ❼ 神や仏などの人間の能力をこえた存在を信じること。 □ ❼ _____

□ ❽ 毎年，同じ時期に家族や地域で行われている行事。 □ ❽ _____

□ ❾ 物事を決定するとき，より多くの人が賛成する案を採用する方法。 □ ❾ _____

□ ❿ 対立からよりよい合意に結びつけるために必要な二つの考え方。 □ ❿ _____

□ ⓫ フランスの思想家。『[法の精神]』で，[三権分立]を唱えた人物。 □ ⓫ _____

□ ⓬ フランスの思想家。『[社会契約論]』を著し，人民主権を唱えた人物。 □ ⓬ _____

□ ⓭ 20世紀になって認められた，ドイツの[ワイマール憲法]で初めて明記された人権。 □ ⓭ _____

□ ⓮ [憲法]によって政治権力を制限するという考え方。 □ ⓮ _____

□ ⓯ [日本国憲法]の三つの基本原理の一つ。政治の最終的な決定権は国民にあるということ。 □ ⓯ _____

□ ⓰ 日本国憲法における[天皇]の地位。 □ ⓰ _____

□ ⓱ 天皇が行う形式的・儀礼(ぎれい)的(こうい)な行為。 □ ⓱ _____

□ ⓲ 日本国憲法の三つの基本原理の一つ。戦争はしないということ。 □ ⓲ _____

□ ⓳ 核兵器(かくへいき)を「[持たず，作らず，持ちこませず]」という日本の基本方針。 □ ⓳ _____

□ ⓴ 同盟関係にある他国が攻撃(こうげき)を受けた場合に，自国を攻撃されていなくても，その国とともに防衛活動に当たる権利。 □ ⓴ _____

□ ㉑ 日本にあるアメリカ軍施設(しせつ)の約40％が集中している県。 □ ㉑ _____

■憲法改正の手続き

国会議員 → 憲法改正案 ← 内閣

発案 →

国会
衆議院 総議員の[$\frac{2}{3}$]以上の賛成が必要
参議院 総議員の[$\frac{2}{3}$]以上の賛成が必要

[発議] →

国民
[国民投票]（有効投票の過半数の賛成）

承認 →

天皇
天皇が[国民]の名で公布

3

## 図解チェック

■基本的人権

[自由]権　[社会]権　人権を守るための権利

[平等]権

個人の尊重

■平等権と自由権

| 平等権 | | 法の下の平等，両性の本質的平等<br>→男女共同参画社会基本法など |
|---|---|---|
| 自由権 | 精神の自由 | 思想・良心の自由，信教の自由など |
| | 身体の自由 | 奴隷的拘束・苦役からの自由など |
| | 経済活動の自由 | 居住・移転・職業選択の自由など |

■新しい人権

| [環境権] | 日照権など良好な環境を求める権利<br>[環境アセスメント](環境影響評価)の実施など |
|---|---|
| [自己決定権] | 自分の生き方などについて自由に決定する権利<br>インフォームド・コンセント<br>臓器提供意思表示カード |
| [知る権利] | 政治に関わる情報を手に入れることができる権利<br>国や地方では[情報公開制度]が設けられている |
| [プライバシーの権利] | 個人の私生活に関する情報を公開されない権利<br>[個人情報保護制度]により個人情報を管理 |

■主な人権条約

| 採択年 | 日本の批准年 | 条約名 |
|---|---|---|
| 1965 | 1995 | [人種差別撤廃]条約 |
| 1966 | 1979 | 国際人権規約 |
| 1979 | 1985 | [女子]差別撤廃条約 |
| 1984 | 1999 | 拷問等禁止条約 |
| 1989 | 1994 | [子ども(児童)]の権利条約 |
| 1989 | 未批准 | 死刑廃止条約 |
| 2006 | 2014 | 障害者権利条約 |

## 一問一答チェック

- □ ❶ 基本的人権
- □ ❷ 精神の自由
- □ ❸ 身体の自由<br>（生命・身体の自由）
- □ ❹ 経済活動の自由
- □ ❺ 平等権
- □ ❻ 社会権
- □ ❼ 生存権
- □ ❽ 教育を受ける権利
- □ ❾ 勤労の権利
- □ ❿ 団結権
- □ ⓫ 団体交渉権
- □ ⓬ 団体行動権
- □ ⓭ 労働基本権（労働三権）
- □ ⓮ 参政権
- □ ⓯ 請願権
- □ ⓰ 裁判を受ける権利
- □ ⓱ 請求権
- □ ⓲ 新しい人権
- □ ⓳ 知る権利
- □ ⓴ 公共の福祉
- □ ㉑ 世界人権宣言
- □ ㉒ 納税の義務

□ ❶ 人間が生まれながらにしてもっている，不可欠の権利。

□ ❷ [自由権]のうち，思想・良心の自由，信教の自由，集会・結社・表現の自由，学問の自由などのこと。

□ ❸ [自由権]のうち，奴隷的拘束・苦役からの自由，法定手続きの保障，拷問・残虐な刑罰の禁止などのこと。

□ ❹ [自由権]のうち，居住・移転の自由，職業選択の自由，財産権の保障などのこと。

□ ❺ 個人の尊重，[法の下の平等]などの権利のこと。

□ ❻ 人間らしい生活を営む権利のこと。

□ ❼ ❻のうち，健康で文化的な最低限度の生活を営む権利。

□ ❽ ❻のうち，だれもが学校へ行き，教育を受けられる権利。

□ ❾ ❻のうち，だれもが仕事について働くことができる権利。

□ ❿ 労働者が団結して労働組合をつくることができる権利。

□ ⓫ 労働組合が賃金などの労働条件の改善を求めて使用者と交渉することができる権利。

□ ⓬ 労働組合が使用者に対する要求を実現するため，[ストライキ]などを行う権利。

□ ⓭ ❿，⓫，⓬の三つの権利の総称。

□ ⓮ [選挙権]や[被選挙権]など，政治に参加する権利。

□ ⓯ ⓮にふくまれる，国や地方公共団体(地方自治体)に対して，要望をする権利。

□ ⓰ 人権を保障するための権利の一つで，裁判所に訴え，公正な裁判によって救済を受けることができる権利。

□ ⓱ ⓰や[国家賠償請求権]，[刑事補償請求権]の総称。

□ ⓲ [環境権]，[プライバシーの権利]，[自己決定権]など憲法に規定されていないが，近年認められるようになった人権。

□ ⓳ ⓲の人権のうち，国・地方公共団体などがもっている情報の公開を求める権利。

□ ⓴ 社会全体の利益のことで，自由や権利の濫用を制限する場合に使われる言葉。

□ ㉑ 1948年に国際連合の総会で採択された，達成すべき人権保障の水準を定めた宣言。

□ ㉒ [勤労の義務]，子どもに[普通教育を受けさせる義務]とならぶ，国民の三大義務の一つ。

□ ❶ _____
□ ❷ _____
□ ❸ _____
□ ❹ _____
□ ❺ _____
□ ❻ _____
□ ❼ _____
□ ❽ _____
□ ❾ _____
□ ❿ _____
□ ⓫ _____
□ ⓬ _____
□ ⓭ _____
□ ⓮ _____
□ ⓯ _____
□ ⓰ _____
□ ⓱ _____
□ ⓲ _____
□ ⓳ _____
□ ⓴ _____
□ ㉑ _____
□ ㉒ _____

**図解チェック**

**■選挙の基本原則**

| 普通選挙 | 一定年齢以上の全ての国民に選挙権 |
|---|---|
| 平等選挙 | 一人一票 |
| 直接選挙 | 直接選出 |
| 秘密選挙 | 投票先を知られないよう無記名で投票 |

**■主な選挙制度**

| | 投票先 | 得票数 | 結 果 |
|---|---|---|---|
| 小選挙区制 | 候補者に投票 | A候補10票 B候補 6票 C候補 2票 | 最多得票の1人が当選 A候補 B候補 C候補 |
| 比例代表制（定数3の場合） | 政党に投票 | A党20票 | 政党の得票数に応じて当選 |
| | | B党10票 | |
| | | C党 5票 | |

**■衆議院と参議院**

| [衆議院] | 項目 | [参議院] |
|---|---|---|
| [465]人 小選挙区289人 比例代表176人 | 議員定数 | [245]人 ※2022年の選挙で248人になる予定。 選挙区147人 比例代表98人 |
| 4年 | 任期 | 6年（3年ごとに半数を改選） |
| 18歳以上 | 選挙権 | 18歳以上 |
| [25]歳以上 | 被選挙権 | [30]歳以上 |
| [あり] | 解散 | [なし] |

**一問一答チェック**

- ☐ ❶ 普通選挙
- ☐ ❷ 小選挙区制
- ☐ ❸ 比例代表制
- ☐ ❹ 小選挙区比例代表並立制
- ☐ ❺ 一票の格差
- ☐ ❻ 政党
- ☐ ❼ 与党
- ☐ ❽ 野党
- ☐ ❾ 連立政権（連立内閣）
- ☐ ❿ 世論
- ☐ ⓫ 国会
- ☐ ⓬ 常会（通常国会）
- ☐ ⓭ 二院制（両院制）
- ☐ ⓮ 衆議院の優越
- ☐ ⓯ 両院協議会
- ☐ ⓰ 公聴会
- ☐ ⓱ 内閣
- ☐ ⓲ 国務大臣
- ☐ ⓳ 議院内閣制
- ☐ ⓴ 行政改革

**■法律ができるまで**

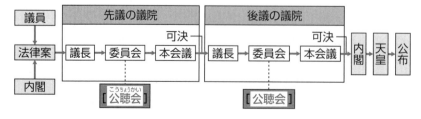

□ ❶ 一定年齢<sup>ねんれい</sup>以上の全ての国民が，財産や性別にかかわりなく[選挙権]をもつという原則。

□ ❷ 一つの選挙区から1名を選ぶ選挙制度。

□ ❸ 得票数に応じて各政党に議席を割り当てる選挙制度。

□ ❹ ❷と❸を組み合わせた[衆議院]議員の選挙制度。

□ ❺ 各選挙区の議員1人あたりの有権者数の差のこと。

□ ❻ 政治に対する考え方が同じ人々が政策などを実現するために作った団体。

□ ❼ 選挙で多数の議席を得て，政権を担当する❻のこと。

□ ❽ 政権を担当せず，政権への批判や監視<sup>かんし</sup>を行う❻のこと。

□ ❾ 複数の❻によって運営される政権([内閣])。

□ ❿ 政治や社会に関して，国民の多数がもっている意見。

□ ⓫ [国権の最高機関]で，国の[唯一の立法機関<sup>ゆいいつ</sup>]である国の機関。

□ ⓬ 毎年1月に召集される⓫のこと。

□ ⓭ 審議<sup>しんぎ</sup>を慎重<sup>しんちょう</sup>に行うため，⓫に[衆議院]と[参議院]の二つの議会が置かれている仕組み。

□ ⓮ 衆議院のほうが参議院よりも強い権限があること。

□ ⓯ 衆議院と参議院の議決が一致<sup>いっち</sup>しないときに開かれる会議。

□ ⓰ ⓫の委員会で，議題について，専門家を招いて意見を聞く会。

□ ⓱ ⓫で決めた法律や予算に従って実際の仕事である[行政]を行う国の機関。

□ ⓲ ⓱で，[内閣総理大臣]以外の大臣の総称<sup>そうしょう</sup>。

□ ⓳ ⓱が⓫の信任によって成立し，国の政治について連帯して責任を負う仕組み。

□ ⓴ 行政の組織や業務の無駄<sup>むだ</sup>を省いて効率化し，行政の簡素化を目指す改革。

□ ❶ ＿＿＿＿＿＿
□ ❷ ＿＿＿＿＿＿
□ ❸ ＿＿＿＿＿＿
□ ❹ ＿＿＿＿＿＿
□ ❺ ＿＿＿＿＿＿
□ ❻ ＿＿＿＿＿＿
□ ❼ ＿＿＿＿＿＿
□ ❽ ＿＿＿＿＿＿
□ ❾ ＿＿＿＿＿＿
□ ❿ ＿＿＿＿＿＿
□ ⓫ ＿＿＿＿＿＿
□ ⓬ ＿＿＿＿＿＿
□ ⓭ ＿＿＿＿＿＿
□ ⓮ ＿＿＿＿＿＿
□ ⓯ ＿＿＿＿＿＿
□ ⓰ ＿＿＿＿＿＿
□ ⓱ ＿＿＿＿＿＿
□ ⓲ ＿＿＿＿＿＿
□ ⓳ ＿＿＿＿＿＿
□ ⓴ ＿＿＿＿＿＿

■議院内閣制の仕組み

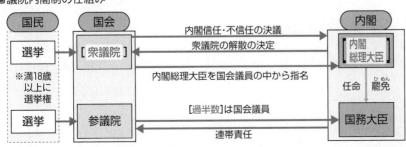

7

## 図解チェック

■[三権分立]

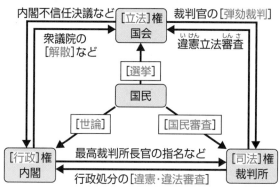

■[選挙権]と被選挙権

| | | 選挙権 | 被選挙権 |
|---|---|---|---|
| 国 | 衆議院議員 | | [25]歳以上 |
| | 参議院議員 | | [30]歳以上 |
| 地方公共団体 | 市(区)町村長 | [18]歳以上 | [25]歳以上 |
| | 市(区)町村議会議員 | | [25]歳以上 |
| | 都道府県知事 | | [30]歳以上 |
| | 都道府県議会議員 | | [25]歳以上 |

■[直接請求権]

| 内容 | 必要な署名 | 請求先 |
|---|---|---|
| 条例の制定・改廃 | 有権者の [1/50]以上 | [首長] |
| 事務の監査 | | 監査委員 |
| 議会の解散 | 有権者の [1/3]以上 | [選挙管理委員会] |
| 議員・首長の解職 | | |
| 主要な職員の解職 | | 首長 |

## 一問一答チェック

- □ ❶ 裁判所
- □ ❷ 三審制
- □ ❸ 控訴
- □ ❹ 上告
- □ ❺ 司法権の独立
- □ ❻ 民事裁判
- □ ❼ 刑事裁判
- □ ❽ 裁判員制度
- □ ❾ 国民審査権
- □ ❿ 違憲審査権
  (違憲立法審査権, 法令審査権)
- □ ⓫ 地方自治
- □ ⓬ 地方分権
- □ ⓭ 地方議会
- □ ⓮ 条例
- □ ⓯ 首長
- □ ⓰ 直接請求権
- □ ⓱ 住民投票
- □ ⓲ 地方債
- □ ⓳ 地方交付税交付金
  (地方交付税)
- □ ⓴ 国庫支出金
- □ ㉑ NPO(非営利組織)

□ ❶ 法に基づいて争いごとを解決する権限である[司法権]をもつ国の機関。

□ ❷ 一つの事件で、3回まで裁判を受けられる制度。

□ ❸ 第一審の判決に不服がある場合，第二審を求めること。

□ ❹ 第二審の判決に不服がある場合，第三審を求めること。

□ ❺ 裁判官は憲法・法律と自らの良心にのみ従って裁判を行うという原則。

□ ❻ 私人間の争いごとを解決するために行われる裁判。訴えた人が[原告]，訴えられた人が[被告]と呼ばれる。

□ ❼ 犯罪行為があったかどうかを判断し，有罪の場合には刑罰を決める裁判。[検察官]が起訴し，訴えられた人が[被告人]。

□ ❽ 重大な❼において，国民の中から選ばれた[裁判員]が裁判官とともに審理し，有罪か無罪かを判断する制度。

□ ❾ [最高裁判所]の裁判官に対して，国民が直接投票することで審査を行う権利。

□ ❿ 国会や内閣の定めた法律などが憲法に違反していないかどうかを審査する権限。最高裁判所は「[憲法の番人]」。

□ ⓫ 地域の問題を，地域住民自らの手で解決し，地域住民の意思に基づいて地域を運営していくこと。

□ ⓬ 国が地域の問題にあまりかかわらず，仕事や財源を国から地方公共団体へ移すこと。

□ ⓭ 都道府県議会や市(区)町村議会の総称。

□ ⓮ ⓭が法律の範囲内で定める，その[地方公共団体]だけに適用されるきまりのこと。

□ ⓯ 地方公共団体の長の総称。都道府県知事。市(区)町村長。

□ ⓰ 一定の署名数があれば，⓮の制定・改廃，⓭の解散，⓯や⓭の議員の解職([リコール])を求めることができる権利。

□ ⓱ 地域の重要な課題について，住民の意見を問うために行われる投票。

□ ⓲ 地方公共団体の依存財源のうち，地方公共団体が発行する[公債]で，地方公共団体の借金に当たるもの。

□ ⓳ 地方公共団体の依存財源のうち，地方公共団体間の財政格差をなくすため，国が使い方を定めずに配分する財源。

□ ⓴ 地方公共団体の依存財源のうち，使い方を指定して，国が地方公共団体に支出する財源。

□ ㉑ 社会への貢献活動を，利益の追求を目的とせず行う民間団体。

## 図解チェック

■[株式会社]の仕組み

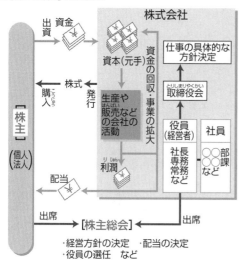

■需要・供給・価格の関係

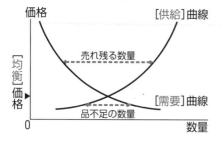

■[景気]変動

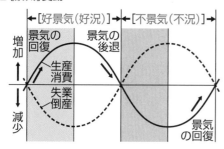

■景気変動

円の価値が高くなる

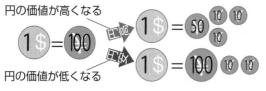

円の価値が低くなる

## 一問一答チェック

- ☐ ❶ 家計
- ☐ ❷ 消費支出
- ☐ ❸ 貯蓄

- ☐ ❹ 製造物責任法(PL法)

- ☐ ❺ クーリング・オフ
  (クーリングオフ制度)
- ☐ ❻ 消費者基本法

- ☐ ❼ 消費者庁
- ☐ ❽ 流通
- ☐ ❾ 卸売業
- ☐ ❿ 企業

- ☐ ⓫ 株式会社

- ☐ ⓬ 労働基準法
- ☐ ⓭ 需要(量)
- ☐ ⓮ 供給(量)
- ☐ ⓯ 均衡価格
- ☐ ⓰ 市場価格
- ☐ ⓱ 独占
- ☐ ⓲ 独占禁止法

- ☐ ⓳ 公正取引委員会
- ☐ ⓴ 公共料金

- ☐ ㉑ 直接金融
- ☐ ㉒ クレジットカード

- ☐ ㉓ 発券銀行
- ☐ ㉔ インフレーション
- ☐ ㉕ 為替相場(為替ルート)

□ ❶ 一つの家庭の収入と支出を合わせたもの。消費生活を営む単位。

□ ❷ ❶のうち，生活に必要な[財]・[サービス]への支出。

□ ❸ ❶の収入(所得)から税金などや，❷を差し引いた残りのこと。将来に備えて蓄えておくこと。

□ ❹ 欠陥がある商品によって消費者が被害を受けた場合，製造した企業に賠償責任を負わせる法律。

□ ❺ 訪問販売で契約した場合，一定の期間内であれば，無条件に契約を取り消すことを業者に要求できる制度。

□ ❻ 消費者の権利を守るために，国や地方公共団体，企業の責任を定めた法律。

□ ❼ 2009年に，消費者保護政策に取り組むために設置された省庁。

□ ❽ 商品が生産者から消費者に届くまでの流れのこと。

□ ❾ 生産者から商品を買い，小売店に売る業種。

□ ❿ 利益を得ることを目的として，商品を製造したり販売したりしている組織や個人のこと。

□ ⓫ [株式]を発行して資金を集め，株式を買った[株主]に利潤の一部を[配当]として配る企業。

□ ⓬ 労働三法の一つで，労働条件の基準を定めた法律。

□ ⓭ 消費者が買おうとする量のこと。

□ ⓮ 生産者が売ろうとする量のこと。

□ ⓯ ⓭と⓮がつり合って決まる価格のこと。

□ ⓰ [市場]で売買されている価格のこと。

□ ⓱ 物やサービスの供給が一つの企業に集中し，競争がない状態のこと。

□ ⓲ 消費者の利益を守るため，⓱の状態を解消し，競争をうながすことを目的とした法律。

□ ⓳ ⓲の法律を実際に運用する機関のこと。

□ ⓴ 水道・電気・ガスの料金などのように，国や地方公共団体が決定したり，認可したりする価格のこと。

□ ㉑ [金融]のうち，出資者から直接資金を借りること。

□ ㉒ カード会社が利用者に代わって一時的に代金を店に支払い，後日利用者の銀行口座から引き落とされるカード。

□ ㉓ [日本銀行]の役割のうち，紙幣を発行する役割。

□ ㉔ [物価]が上昇し続ける現象。

□ ㉕ 通貨と通貨を交換する比率。

□ ❶ _____
□ ❷ _____
□ ❸ _____
□ ❹ _____
□ ❺ _____
□ ❻ _____
□ ❼ _____
□ ❽ _____
□ ❾ _____
□ ❿ _____
□ ⓫ _____
□ ⓬ _____
□ ⓭ _____
□ ⓮ _____
□ ⓯ _____
□ ⓰ _____
□ ⓱ _____
□ ⓲ _____
□ ⓳ _____
□ ⓴ _____
□ ㉑ _____
□ ㉒ _____
□ ㉓ _____
□ ㉔ _____
□ ㉕ _____

## 図解チェック

### ■税金の種類

| | | [直接]税 | [間接]税 |
|---|---|---|---|
| [国]税 | | [所得]税<br>法人税<br>相続税 | [消費]税<br>揮発油税<br>酒税　関税 |
| [地方税] | (都)道府県税 | (都)道府県民税<br>事業税<br>自動車税 | (都)道府県たばこ税<br>ゴルフ場利用税<br>地方消費税 |
| | 市(区)町村税 | 市(区)町村民税<br>固定資産税 | 市(区)町村たばこ税 |

### ■日本の社会保障制度

| 種類 | 仕事の内容 |
|---|---|
| [社会保険] | 医療保険　介護保険　年金保険<br>雇用保険　労災保険 |
| [公的扶助] | 生活保護 |
| [社会福祉] | 高齢者福祉　児童福祉<br>障がい者福祉　母子・父子・寡婦福祉 |
| [公衆衛生] | 感染症対策　上下水道整備<br>廃棄物処理　公害対策など |

### ■労働者を守る法律

| | |
|---|---|
| [労働基準]法 | 労働条件の最低基準を定めた法律 |
| [労働組合]法 | 労働三権を具体的に保障した法律 |
| [労働関係調整]法 | 労働者と使用者の対立を調整し，<br>両者の関係を正常にするための法律 |

### ■四大公害

[新潟水俣病]
[イタイイタイ病]
[四日市ぜんそく]
[水俣病]

## 一問一答チェック

- ☐ ❶ 財政
- ☐ ❷ 歳入
- ☐ ❸ 歳出
- ☐ ❹ 国債
- ☐ ❺ 間接税
- ☐ ❻ 国税
- ☐ ❼ 地方税
- ☐ ❽ 累進課税
- ☐ ❾ 社会資本
- ☐ ❿ 財政政策
- ☐ ⓫ 社会保障
- ☐ ⓬ 社会保険
- ☐ ⓭ 公的扶助
- ☐ ⓮ 社会福祉
- ☐ ⓯ 公衆衛生
- ☐ ⓰ 介護保険
- ☐ ⓱ イタイイタイ病
- ☐ ⓲ 環境省
- ☐ ⓳ 環境基本法
- ☐ ⓴ 国内総生産（GDP）

□❶ 政府が行う経済活動のこと。

□❷ 政府の1年間の収入のこと。

□❸ 政府の1年間の支出のこと。

□❹ 政府が❷の不足を補うために発行する債券のこと。地方公共団体
　　が発行するものを[地方債]という。

□❺ [消費税]のように，税金を納める人と，実際に負担する人が違う
　　税のこと。

□❻ 国に納める税のこと。

□❼ 地方公共団体へ納める税のこと。

□❽ 税の公平性を確保するため，所得の多い人ほど税率が高くなる仕
　　組み。

□❾ 政府が経済活動で提供する，道路・公園・水道などのこと。

□❿ ❷や❸を通じて景気の安定を図る政府の役割。

□⓫ 憲法25条に定められている[生存権]（健康で文化的な最低限度の
　　生活を営む権利）を保障するための仕組み。

□⓬ ⓫の一つで，加入者が前もってかけ金を積み立てておき，病気や
　　失業など必要なときに給付を受ける仕組み。

□⓭ ⓫の一つで，生活に困っている人に，生活費や教育費を支給する
　　仕組み。[生活保護]ともいう。

□⓮ ⓫の一つで，児童・高齢者・障がいのある人など，社会的弱者を
　　支援するための仕組み。

□⓯ ⓫の一つで，人々が健康な生活を送れるよう，環境衛生の改善や
　　感染症の予防などを行うこと。

□⓰ ⓬の一つで，40歳以上の人が加入し，介護が必要となったときに
　　サービスが受けられる仕組み。

□⓱ 富山県の神通川流域で，水質汚濁が原因で発生した公害病。

□⓲ 公害病や自然環境の保護を専門にあつかう，2001年に設置された
　　省庁。

□⓳ 公害問題に取り組むために制定された公害対策基本法を発展させ，
　　1993年に制定された法律。

□⓴ 国内で一定期間に生産された，財やサービスの付加価値の合計。

□❶ ＿＿＿＿＿＿＿

□❷ ＿＿＿＿＿＿＿

□❸ ＿＿＿＿＿＿＿

□❹ ＿＿＿＿＿＿＿

□❺ ＿＿＿＿＿＿＿

□❻ ＿＿＿＿＿＿＿

□❼ ＿＿＿＿＿＿＿

□❽ ＿＿＿＿＿＿＿

□❾ ＿＿＿＿＿＿＿

□❿ ＿＿＿＿＿＿＿

□⓫ ＿＿＿＿＿＿＿

□⓬ ＿＿＿＿＿＿＿

□⓭ ＿＿＿＿＿＿＿

□⓮ ＿＿＿＿＿＿＿

□⓯ ＿＿＿＿＿＿＿

□⓰ ＿＿＿＿＿＿＿

□⓱ ＿＿＿＿＿＿＿

□⓲ ＿＿＿＿＿＿＿

□⓳ ＿＿＿＿＿＿＿

□⓴ ＿＿＿＿＿＿＿

## 図解チェック

### ■日本の領域と領土問題

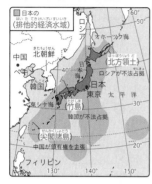

### ■日本の北端・東端・南端・西端

| 北端 | [択捉島] | 東端 | 南鳥島 |
|---|---|---|---|
| 南端 | 沖ノ鳥島 | 西端 | 与那国島 |

### ■領域の模式図

### ■[国際連合]の主な仕組み

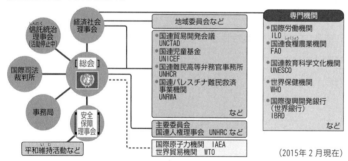

（2015年2月現在）

### ■世界の主な地域統合 （2020年7月現在）

| [ヨーロッパ連合]（EU） | 1993年発足，共通通貨[ユーロ]を一部の加盟国で導入 |
|---|---|
| [東南アジア諸国連合]（ASEAN） | 1967年発足，東南アジア10か国が加盟 |
| アジア太平洋経済協力会議（APEC） | 1989年発足，アジア太平洋地域の21の国と地域が加盟 |

## 一問一答チェック

- ☐ ❶ 主権国家
- ☐ ❷ 排他的経済水域（経済水域）
- ☐ ❸ 日章旗（日の丸）
- ☐ ❹ 国際法
- ☐ ❺ 総会
- ☐ ❻ 安全保障理事会
- ☐ ❼ 拒否権
- ☐ ❽ 国連児童基金（ユニセフ）
- ☐ ❾ 平和維持活動（PKO）
- ☐ ❿ ヨーロッパ連合（EU）
- ☐ ⓫ 東南アジア諸国連合（ASEAN）
- ☐ ⓬ 南北問題
- ☐ ⓭ 南南問題
- ☐ ⓮ 地球環境問題
- ☐ ⓯ 地球温暖化
- ☐ ⓰ 化石燃料
- ☐ ⓱ 再生可能エネルギー
- ☐ ⓲ 地域紛争
- ☐ ⓳ 政府開発援助（ODA）
- ☐ ⓴ 核拡散防止条約（核兵器不拡散条約（NPT））

□ ❶ [領域](領土・領海・領空)，[国民]，[主権]をもつ国のこと。

□ ❷ 沿岸国がその資源を利用することができる，海岸線から領海をのぞく[200海里]以内の海域のこと。

□ ❸ 法律で定められた日本の[国旗]。(日本の国歌は「[君が代]」)

□ ❹ 条約や国際慣習法など，国際社会のルールのこと。

□ ❺ 全加盟国によって構成される国際連合の最高機関。

□ ❻ 15の理事国で構成されている，世界の平和と安全の維持に最も重要な役割を果たす国連機関。

□ ❼ ❻の[常任理事国](米・英・仏・露・中)がもつ，1か国でも反対すると決議できないという権限のこと。

□ ❽ 国連の機関の一つで，世界の子どもたちの命と健康と教育を守るための活動を行う機関。

□ ❾ 国連が戦争や内戦で苦しむ地域で行う，停戦や選挙の監視などの活動。

□ ❿ ヨーロッパの地域統合を目指す組織。[ユーロ]を導入。

□ ⓫ 東南アジア10か国から構成される，政治・経済・安全保障などの分野で協力を進める組織。

□ ⓬ 北半球に多い[先進国]と，南半球に多い[発展途上国]との経済格差問題のこと。

□ ⓭ 経済発展が著しい[NIES]などの国々とその他の発展途上国との間で見られる経済格差問題のこと。

□ ⓮ 地球規模で起こっている，オゾン層の破壊・酸性雨・砂漠化などの総称。

□ ⓯ ⓮のうち，二酸化炭素などの[温室効果ガス]が原因で起こっている，地球全体の気温が上昇している現象。

□ ⓰ 世界で最も多く消費されている，原油(石油)・石炭・天然ガスなどのエネルギー資源の総称。

□ ⓱ 太陽光・風力・地熱・バイオマスなどの枯渇する心配がないエネルギー資源の総称。

□ ⓲ 国家間での戦争ではなく，民族や宗教上の対立から起こる争いのこと。[難民]の発生。

□ ⓳ [先進国]が[発展途上国]に行う資金援助や技術協力のこと。

□ ⓴ 1968年に採択された，核兵器を保有していない国が，新たに核兵器を持つことを禁止する条約。

□ ❶ _____
□ ❷ _____

□ ❸ _____
□ ❹ _____
□ ❺ _____
□ ❻ _____

□ ❼ _____

□ ❽ _____

□ ❾ _____

□ ❿ _____
□ ⓫ _____

□ ⓬ _____

□ ⓭ _____

□ ⓮ _____

□ ⓯ _____

□ ⓰ _____

□ ⓱ _____

□ ⓲ _____

□ ⓳ _____
□ ⓴ _____

| 学習日 | ページ | |
|---|---|---|
| / | | |
| / | | |
| / | | |
| / | | |
| / | | |
| / | | |
| / | | |
| / | | |
| / | | |
| / | | |
| / | | |
| / | | |
| / | | |
| / | | |
| / | | |
| / | | |
| / | | |
| 学習日 | ページ | |
| / | | |
| / | | |
| / | | |
| / | | |
| / | | |
| / | | |
| / | | |
| / | | |

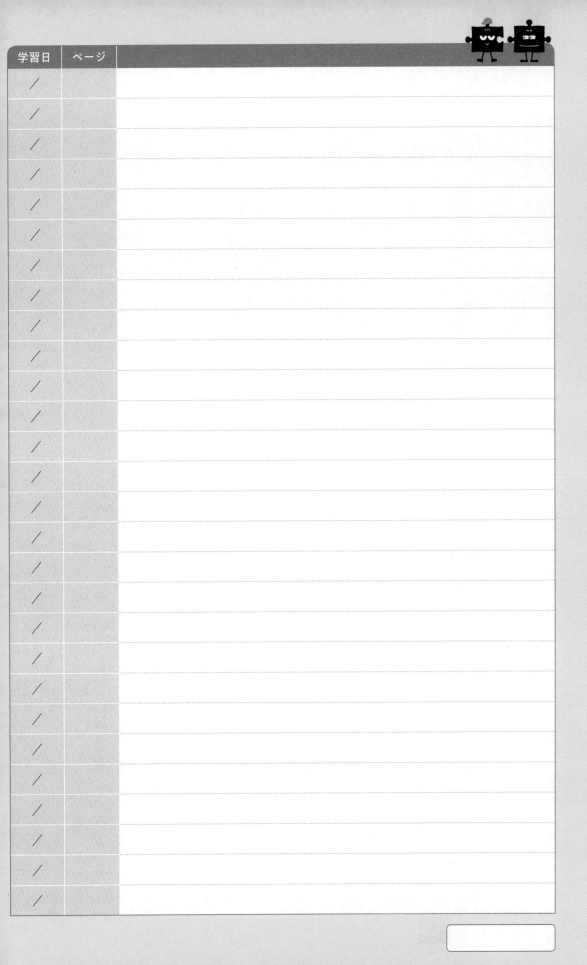

| 学習日 | ページ |  |
|---|---|---|
| / | | |
| / | | |
| / | | |
| / | | |
| / | | |
| / | | |
| / | | |
| / | | |
| / | | |
| / | | |
| / | | |
| / | | |
| / | | |
| / | | |
| / | | |
| / | | |
| 学習日 | ページ | |
| / | | |
| / | | |
| / | | |
| / | | |
| / | | |
| / | | |
| / | | |
| / | | |

| 学習日 | ページ |
|--------|--------|
| / | |
| / | |
| / | |
| / | |
| / | |
| / | |
| / | |
| / | |
| / | |

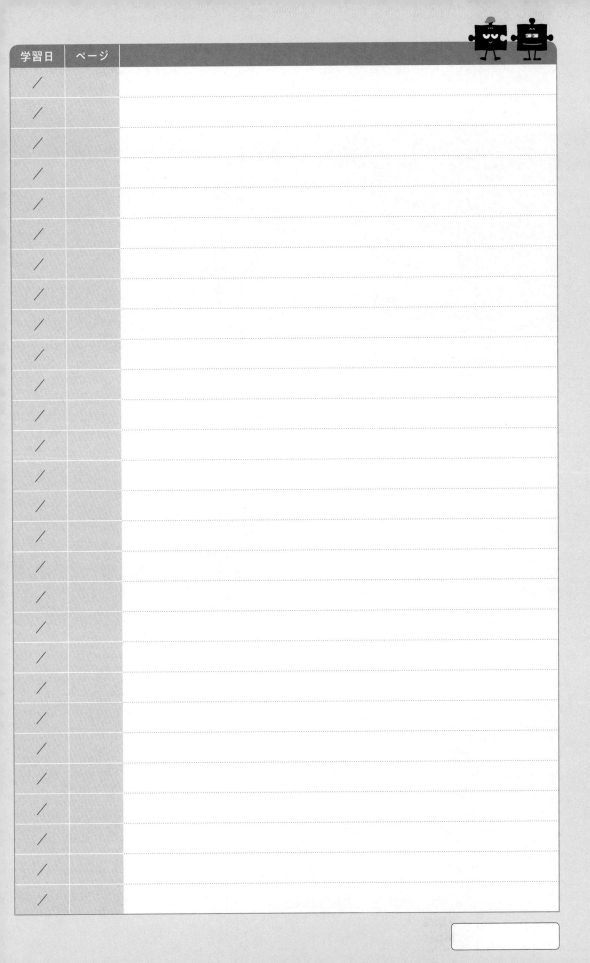

| 学習日 | ページ | |
|---|---|---|
| / | | |
| / | | |
| / | | |
| / | | |
| / | | |
| / | | |
| / | | |
| / | | |
| / | | |
| / | | |
| / | | |
| / | | |
| / | | |
| / | | |
| / | | |
| / | | |
| 学習日 | ページ | |
| / | | |
| / | | |
| / | | |
| / | | |
| / | | |
| / | | |
| / | | |
| / | | |

| 学習日 | ページ | |
|---|---|---|
| / | | |
| / | | |
| / | | |
| / | | |
| / | | |
| / | | |
| / | | |
| / | | |
| / | | |
| / | | |
| / | | |
| / | | |
| / | | |
| / | | |
| / | | |
| / | | |
| / | | |
| / | | |
| / | | |
| / | | |
| / | | |
| / | | |
| / | | |
| / | | |
| / | | |

| 学習日 | ページ | |
|---|---|---|
| / | | |
| / | | |
| / | | |
| / | | |
| / | | |
| / | | |
| / | | |
| / | | |
| / | | |
| / | | |
| / | | |
| / | | |
| / | | |
| / | | |
| / | | |
| / | | |
| / | | |
| / | | |
| / | | |
| / | | |
| / | | |
| / | | |
| / | | |
| / | | |
| / | | |

| 学習日 | ページ | |
|--------|--------|--|
| / | | |
| / | | |
| / | | |
| / | | |
| / | | |
| / | | |
| / | | |
| / | | |
| / | | |
| / | | |
| / | | |
| / | | |
| / | | |
| / | | |
| / | | |
| / | | |
| / | | |
| / | | |
| / | | |
| / | | |
| / | | |
| / | | |
| / | | |
| / | | |
| / | | |

| 学習日 | ページ |
|--------|--------|
| / | |
| / | |
| / | |
| / | |
| / | |
| / | |
| / | |
| / | |
| / | |
| / | |
| / | |
| / | |
| / | |
| / | |
| / | |
| / | |
| / | |
| / | |
| / | |
| / | |
| / | |
| / | |
| / | |
| / | |
| / | |
| / | |
| / | |

| 学習日 | ページ | |
|---|---|---|
| / | | |
| / | | |
| / | | |
| / | | |
| / | | |
| / | | |
| / | | |
| / | | |
| / | | |
| / | | |
| / | | |
| / | | |
| / | | |
| / | | |
| / | | |
| / | | |
| / | | |
| / | | |
| / | | |
| / | | |
| / | | |
| / | | |
| / | | |
| / | | |
| / | | |
| / | | |
| / | | |

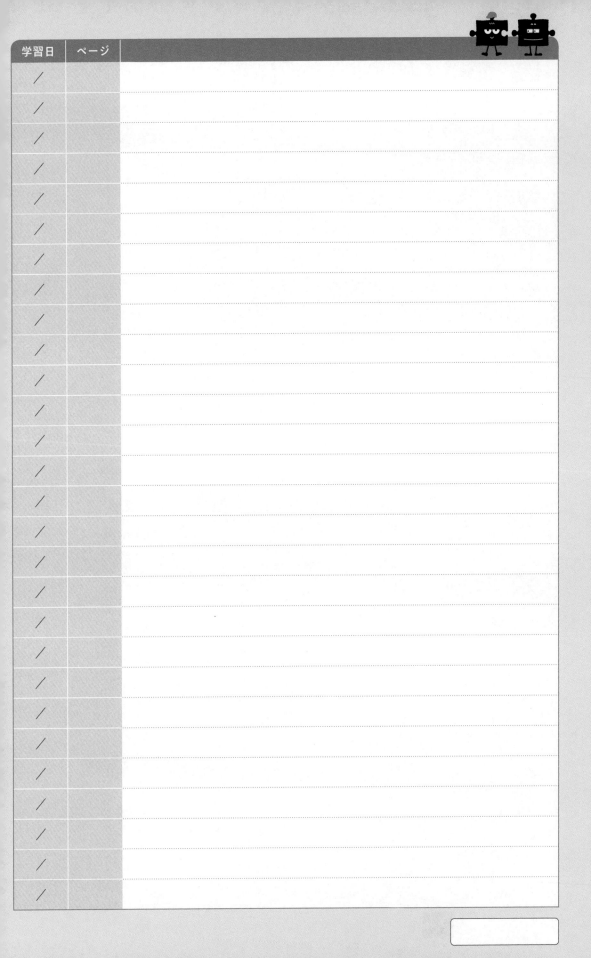

| 学習日 | ページ |
|---|---|
| / | |
| / | |
| / | |
| / | |
| / | |
| / | |
| / | |
| / | |
| / | |
| / | |
| / | |
| / | |
| / | |
| / | |
| / | |
| / | |
| / | |
| / | |
| / | |
| / | |
| / | |
| / | |
| / | |
| / | |
| / | |
| / | |

| 学習日 | ページ | |
|---|---|---|
| / | | |
| / | | |
| / | | |
| / | | |
| / | | |
| / | | |
| / | | |
| / | | |
| / | | |
| / | | |
| / | | |
| / | | |
| / | | |
| / | | |
| / | | |
| / | | |
| / | | |
| / | | |
| / | | |
| / | | |
| / | | |
| / | | |
| / | | |
| / | | |
| / | | |
| / | | |

| 学習日 | ページ | |
|---|---|---|
| / | | |
| / | | |
| / | | |
| / | | |
| / | | |
| / | | |
| / | | |
| / | | |
| / | | |
| / | | |
| / | | |
| / | | |
| / | | |
| / | | |
| / | | |
| / | | |
| / | | |
| / | | |
| / | | |
| / | | |
| / | | |
| / | | |
| / | | |
| / | | |
| / | | |
| / | | |
| / | | |

| 学習日 | ページ | |
|---|---|---|
| / | | |
| / | | |
| / | | |
| / | | |
| / | | |
| / | | |
| / | | |
| / | | |
| / | | |
| / | | |
| / | | |
| / | | |
| / | | |
| / | | |
| / | | |
| / | | |
| 学習日 | ページ | |
| / | | |
| / | | |
| / | | |
| / | | |
| / | | |
| / | | |
| / | | |
| / | | |

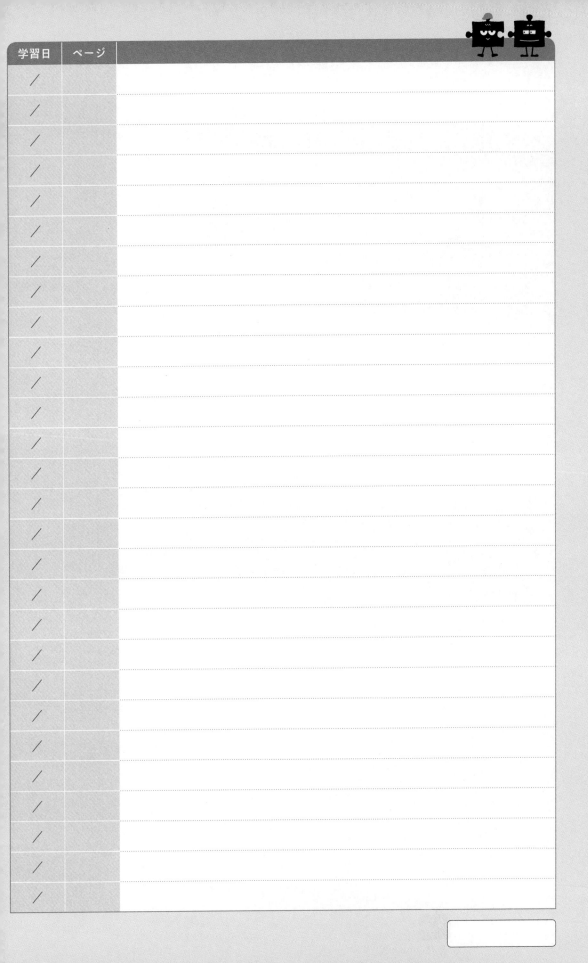

| 学習日 | ページ |  |
|:---:|:---:|---|
| / |  |  |
| / |  |  |
| / |  |  |
| / |  |  |
| / |  |  |
| / |  |  |
| / |  |  |
| / |  |  |
| / |  |  |
| / |  |  |
| / |  |  |
| / |  |  |
| / |  |  |
| / |  |  |
| / |  |  |
| / |  |  |
| / |  |  |
| / |  |  |
| / |  |  |
| / |  |  |
| / |  |  |
| / |  |  |
| / |  |  |
| / |  |  |
| / |  |  |
| / |  |  |

| 学習日 | ページ | |
|---|---|---|
| / | | |
| / | | |
| / | | |
| / | | |
| / | | |
| / | | |
| / | | |
| / | | |
| / | | |
| / | | |
| / | | |
| / | | |
| / | | |
| / | | |
| / | | |
| / | | |
| / | | |
| / | | |
| / | | |
| / | | |
| / | | |
| / | | |
| / | | |
| / | | |
| / | | |
| / | | |
| / | | |

| 学習日 | ページ | |
|---|---|---|
| / | | |
| / | | |
| / | | |
| / | | |
| / | | |
| / | | |
| / | | |
| / | | |
| / | | |
| / | | |
| / | | |
| / | | |
| / | | |
| / | | |
| / | | |
| 学習日 | ページ | |
| / | | |
| / | | |
| / | | |
| / | | |
| / | | |
| / | | |
| / | | |
| / | | |
| / | | |

| 学習日 | ページ | |
|---|---|---|
| / | | |
| / | | |
| / | | |
| / | | |
| / | | |
| / | | |
| / | | |
| / | | |
| / | | |
| / | | |
| / | | |
| / | | |
| / | | |
| / | | |
| / | | |
| / | | |
| 学習日 | ページ | |
| / | | |
| / | | |
| / | | |
| / | | |
| / | | |
| / | | |
| / | | |
| / | | |
| / | | |

| 学習日 | ページ | |
|---|---|---|
| / | | |
| / | | |
| / | | |
| / | | |
| / | | |
| / | | |
| / | | |
| / | | |
| / | | |
| / | | |
| / | | |
| / | | |
| / | | |
| / | | |
| / | | |
| 学習日 | ページ | |
| / | | |
| / | | |
| / | | |
| / | | |
| / | | |
| / | | |
| / | | |
| / | | |
| / | | |

| 学習日 | ページ |
|---|---|
| / | |
| / | |
| / | |
| / | |
| / | |
| / | |
| / | |
| / | |
| / | |
| / | |
| / | |
| / | |
| / | |
| / | |
| / | |
| / | |
| / | |
| / | |
| / | |
| / | |
| / | |
| / | |
| / | |
| / | |
| / | |

## ▌成績アップのための学習メソッド　▸ 2〜5

## ▌学習内容

| | | | 教科書の<br>ページ | 本書のページ | | |
| | | | | ぴたトレ<br>1 | ぴたトレ<br>2 | ぴたトレ<br>3 |
|---|---|---|---|---|---|---|
| 第1章<br>私たちの暮らしと<br>現代社会 | 1節 | 私たちが生きる現代社会 | 12〜19 | 6〜7 | | 12〜13 |
| | 2節 | 現代につながる伝統と文化 | 20〜25 | 8〜9 | | |
| | 3節 | 私たちがつくるこれからの社会 | 26〜36 | 10〜11 | | |
| 第2章<br>個人を尊重する<br>日本国憲法 | 1節 | 日本国憲法の成り立ちと国民主権 | 38〜45 | 14〜15 | | 20〜21 |
| | 2節 | 憲法が保障する基本的人権 | 46〜71 | 16〜19 | | |
| | | | | 22〜27 | | 30〜31 |
| | 3節 | 私たちと平和主義 | 72〜80 | 28〜29 | | |
| 第3章<br>私たちの暮らしと<br>民主政治 | 1節 | 民主政治と日本の政治 | 82〜95 | 32〜35 | | 40〜41 |
| | 2節 | 三権分立のしくみと<br>私たちの政治参加 | 96〜113 | 36〜39 | | |
| | | | | 42〜45 | | 50〜51 |
| | 3節 | 地方自治と住民の参加 | 114〜126 | 46〜49 | | |
| 第4章<br>私たちの暮らしと<br>経済 | 1節 | 消費生活と経済活動 | 128〜135 | 52〜53 | | 58〜59 |
| | 2節 | 企業の生産のしくみと労働 | 136〜147 | 54〜57 | | |
| | 3節 | 市場のしくみとはたらき | 148〜151 | 60〜61 | | 66〜67 |
| | 4節 | 金融のしくみと財政の役割 | 152〜166 | 62〜65 | | |
| 第5章<br>安心して豊かに<br>暮らせる社会 | 1節 | 暮らしを支える社会保障 | 168〜179 | 68〜71 | | 74〜75 |
| | 2節 | これからの日本経済の課題 | 180〜190 | 72〜73 | | |
| 第6章<br>国際社会に<br>生きる私たち | 1節 | 国際社会の平和を目ざして | 192〜207 | 76〜81 | | 82〜83 |
| | 2節 | 国際社会が抱える課題と私たち | 208〜226 | 84〜91 | | 92〜93 |
| 終章<br>私たちが未来の<br>社会を築く | 1節 | 持続可能な未来の社会へ | 228〜234 | 94〜95 | | |

※原則，ぴたトレ1は偶数，ぴたトレ2は奇数ページになります。

## ▌定期テスト予想問題　▸ 97 〜 111

## ▌解答集　▸ 別冊

［写真提供］

朝日新聞社／apjt/amanaimages／GRANGER.COM/アフロ／国連広報センター／共同通信社／最高裁判所／時事／公益社団法人 日本臓器移植ネットワーク／フォトライブラリー／PPS通信社／毎日新聞社／アフロ

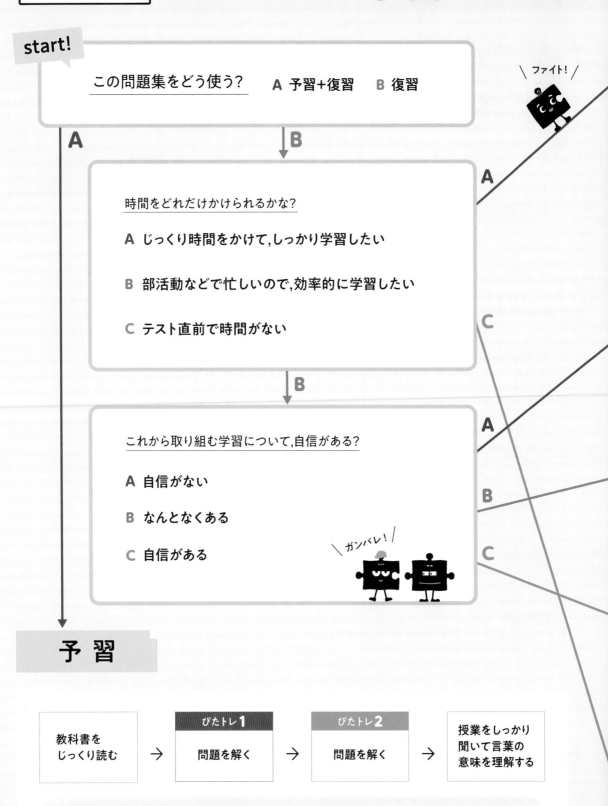

自分にあった学習法を
見つけよう!

# 成績アップのための 学習メソッド

**start!**

この問題集をどう使う?　A 予習+復習　B 復習

ファイト!

A　　B

A

時間をどれだけかけられるかな?

A　じっくり時間をかけて,しっかり学習したい

B　部活動などで忙しいので,効率的に学習したい

C　テスト直前で時間がない

C

B

A

これから取り組む学習について,自信がある?

A　自信がない

B　なんとなくある

C　自信がある

B

C

ガンバレ!

A

## 予 習

| 教科書をじっくり読む | → | **ぴたトレ1** 問題を解く | → | **ぴたトレ2** 問題を解く | → | 授業をしっかり聞いて言葉の意味を理解する |

わからない時は…学校の先生に聞いたり,教科書を読みながらぴたトレ1・2を解いたりしよう!

## 復 習

目安の時間には,丸付けや見直しの時間も含まれているよ。
テストの前には,定期テスト予想問題にも取り組もう。

### じっくりコース

**教科書 ぴたトレ1**
- ぴたトレ1 に対応する教科書のページを読む
- 問題を解く(1回目)

→

**ぴたトレ2**
問題を解く(1回目)
┗ 解けないときは ヒント を見る, ぴたトレ1 に戻る,間違えた問題にチェックをつける

→

**ぴたトレ1**
問題を解く(2回目)
┗ 間違えた問題にチェックをつける

↓

くり返し問題を解くときは別冊note bookを使おう!

**反復練習**
ぴたトレ1 ぴたトレ2 の間違えた問題だけをくり返し解く

←

**ぴたトレ3** 45分
テストを解く
┗ 解けないときは ぴたトレ1 ぴたトレ2 に戻る

←

**ぴたトレ2**
問題を解く(2回目)
┗ 解けないときは ヒント を見る ぴたトレ1 に戻る

### 時短 A コース

**ぴたトレ1** 30分
問題を2回解く

→

**ぴたトレ2** 30分
問題を2回解く

→

**ぴたトレ3** 45分
テストを解く

### 時短 B コース

**ぴたトレ1** 20分
- 問題を解く
- 間違えた問題だけをもう一度解く

→

**ぴたトレ2** 20分
問題を解く

→

**ぴたトレ3** 45分
テストを解く

### 時短 C コース

**ぴたトレ1**
省略

→

**ぴたトレ2** 15分
書きトレ! を解く

→

**ぴたトレ3** 45分
テストを解く

### テスト直前コース

＼めざせ,点数アップ!／

**5日前 ぴたトレ1**
- 解答集を見ながら問題の答えを赤ペンで書く
- 赤シートで隠して文を読む

→

**3日前 ぴたトレ2**
問題を解く

→

**1日前 定期テスト予想問題**
テストを解く

→

**当日 別冊note book**
赤シートを使って重要語句を最終確認する

日常学習

コースがきまったら,4〜5ページを見てみよう ➡

成績アップのための **学習メソッド**

# ≪ ぴたトレの構成と使い方 ≫

教科書ぴったりトレーニングは,おもに,「ぴたトレ1」,「ぴたトレ2」,「ぴたトレ3」で構成されています。それぞれの使い方を理解し,効率的に学習に取り組みましょう。
なお,「ぴたトレ3」「定期テスト予想問題」では学校での成績アップに直接結びつくよう,通知表における観点別の評価に対応した問題を取り上げています。

学校の通知表は以下の観点別の評価がもとになっています。

\ 一緒にがんばろう! /

| 知識 技能 | 思考力 判断力 表現力 | 主体的に 学習に 取り組む態度 |

---

教科書を読みましょう。
(予習・じっくりコース推奨)

**学習メソッド**
・教科書をじっくり読んで,これから勉強する内容の流れを,おおまかに頭に入れてみよう。
・太字は出題されやすいから,しっかり読んで覚えよう。

別冊notebookも使って
くり返し問題を解く
習慣を身に付けよう!

## ぴたトレ1
### 要点チェック

基本的な問題を解くことで,基礎学力が定着します。

---

**要点整理**

穴埋め式の問題です。
教科書の重要語句を
確認しましょう。

**学習メソッド**

ぴたトレ1では,教科書の内容を整理しながら,重要語句の確認ができるよ。

時間があるときは,教科書を読んでから取り組むと理解度がアップするよ。

わからない問題や,間違えた問題はチェックして,もう一度解くようにしよう。

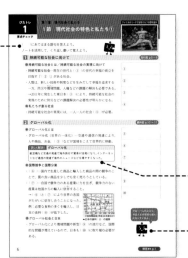

**学習メソッド**

解答欄は,自分のコースにあう使い方をしてみてね。

● 問題を解いて答えを書き込む。

● 解答集を見ながら赤ペンで書き込む。
→赤シートで解答欄を隠しながら,文を読んでみよう。

● 解答はノートに書き込む。
→くり返し問題を解くことができるよ。

**詳しく解説!**

おさえておきたい重要語句の解説です。

**リー子のひとこと**

ポイントや注意事項を紹介しています。

理解力・応用力をつける問題です。

## 学習メソッド

ぴたトレ2は、ぴたトレ1と対応した
範囲の問題になっているよ。

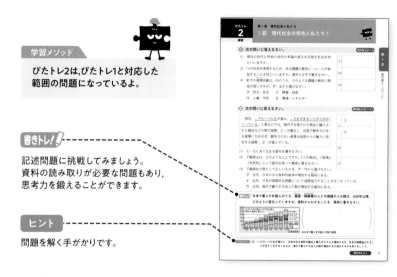

## 書きトレ!

記述問題に挑戦してみましょう。
資料の読み取りが必要な問題もあり、
思考力を鍛えることができます。

## ヒント

問題を解く手がかりです。

## 学習メソッド

解答欄は、自分のコースにあう
使い方をしてみてね。

- 問題を解いて答えを書き込む。
- 解答はノートに書き込む。
  →くり返し問題を解くことが
  できるよ。

わからないときは、下の「ヒント」
を見よう。「ぴたトレ1」に戻って
確認するのもOK。

わからない問題や、間違えた問
題はチェックして、もう一度解く
ようにしよう。

---

どの程度学力がついたかを自己診断するテストです。

## 成績評価の観点

技　思

問題ごとに「技能」「思考力・
判断力・表現力」の評価の観点
が示してあります。
※観点の表示がないものは「知識」です。

## 作図

作業を伴う問題に表示します。

## 点UP

テストで高得点を
狙える、やや難しい
問題です。

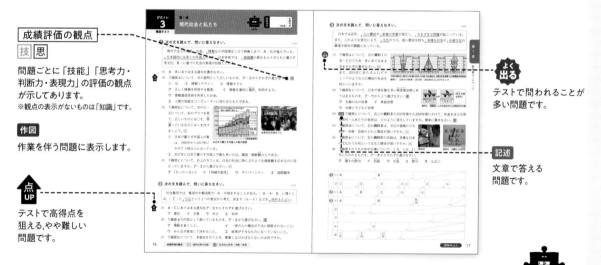

## よく出る

テストで問われることが
多い問題です。

## 記述

文章で答える
問題です。

## 学習メソッド

テスト本番のつもりで　　• わからない語句があった→ぴたトレ1に戻ろう。
何も見ずに解こう。　　　• わからない問題があった→ぴたトレ2の問題を解いてみよう。

## 学習メソッド

答え合わせが終わったら、
苦手な問題がないか確認しよう。

---

## 定期テスト予想問題

- 定期テストに出そうな問題を学習順に掲載しています。
- 各問題には教科書の対応ページを示しています。
- 解答集の「出題傾向」で、傾向と対策を確認しましょう。

## 学習メソッド

ぴたトレ3と同じように、テスト本番のつも
りで解こう。テスト前に、学習内容を本当
に理解できているかどうかを確認しよう。

# 1節　私たちが生きる現代社会

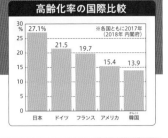

高齢化率の国際比較

（（　）にあてはまる語句を答えよう。
ノートを活用して，くり返し書いて覚えよう。

## 1 つながる私たちと世界

教科書 p.14 〜 15

◉グローバル化とは／◉グローバル化と国際分業のなかで

・人やもの，お金，情報が国境を越えて行き来することを（　①　）
とよぶ。1980年代以降の規制緩和により，企業の国境を越え
た動きが活発となる。

・先進工業国と発展途上国で，経済的な格差がうまれている。

◉国際協力と互いの尊重

・日本に来る外国人が増えており，これからはお互いの考えを尊重し，協力し合う姿勢が大切。

| ① |
| --- |

## 2 急速に進展する情報社会

教科書 p.16 〜 17

◉情報化とは／◉進化する情報社会／◉情報社会における課題

・（　②　）（情報通信技術）の活用で，（　③　）やタブレット型端
末などが普及。

・（　④　）（人工知能）技術の進化やビッグデータの分析で，「緊
急地震速報」など，災害時の情報活用が可能になった。

・インターネットや（　⑤　）（ソーシャル・ネットワーキング・
サービス）などを利用するにあたり，多くの情報から正しい
情報を判断する能力（（　⑥　））を身につける必要がある。

→情報を読み取る力を身につけるとともに，情報を発信する
モラルも問われている。

| ② |
| --- |
| ③ |
| ④ |
| ⑤ |
| ⑥ |

## 3 誰もが活躍できる社会へ

教科書 p.18 〜 19

◉進む少子化と超高齢化による課題／◉世代を超えてともに生きる

・日本では子どもの出生数が減少し，（　⑦　）が進行。

（　⑦　）の原因
・子育ての環境整備が不十分
・教育費の負担増　・人々の結婚観の変化　など

・2017年，（　⑧　）率（総人口に占める65歳以上の人の割合）が
27％を超え，超高齢社会へ。→（　⑦　）と合わせて（　⑨　）とい
う。（　⑨　）が進むと，国の経済力の低下，医療保険などの負
担が増加すると予想される。

・親と未婚の子ども，または夫婦だけからなる（　⑩　）世帯と高齢者(65歳以上)だけの世帯の増
加→育児や介護への支援を，地域や行政が連携して進めることが必要。

| ⑦ |
| --- |
| ⑧ |
| ⑨ |
| ⑩ |

解答▶▶ p.1

第1章　私たちの暮らしと現代社会

# 1節　私たちが生きる現代社会

## ① 次の問いに答えなさい。
教科書 p.14〜15

(1) グローバル化の具体的な例として，あてはまらないものを
ア〜ウから選びなさい。

　ア　さまざまな国と相互に支え合う国際分業が進んでいる。

　イ　日本の平均寿命は世界一である。

　ウ　日本国内にも外国人労働者が増えている。

(2) 国境を越えて多くの情報を手に入れるために使われている
情報通信技術を何といいますか。

| (1) | |
|---|---|
| (2) | |

## ② 下の文章を読んで，次の問いに答えなさい。
教科書 p.16〜17

　（ ① ）(情報通信技術)が発展し，（ ② ）(ソーシャル・ネットワーキング・サービス)などを通じて，世界中の人々と情報交換が可能になった。また，（ ③ ）(人工知能)技術や，ビッグデータ分析によって，災害時の情報活用が進んでいる。

(1) ①〜③にあてはまる語句をア〜エから選びなさい。

　ア　個人情報　　イ　AI　　ウ　ICT　　エ　SNS

| (1) | ① |
|---|---|
| | ② |
| | ③ |

## ③ 次の問いに答えなさい。
教科書 p.18〜19

(1) 少子化が進み，高齢者の割合が増加することを何といいますか。

(2) 親と未婚の子ども，または夫婦だけからなる，現代の家族に特徴的な型を何といいますか。

| (1) | |
|---|---|
| (2) | |

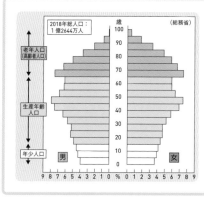

◀総人口と年齢別人口の割合(人口ピラミッド)

 左のグラフを見て，少子化が進むことで直面する課題を，国の経済力という観点から，簡単に書きなさい。

（　　　　　　　　　　　　　　　　　）

---

ヒント　① (1)グローバル化により，企業の動きや資金，人が地球規模で大きく移動し広がっています。

書きトレ！ 少子化が進むと，生産活動をになう生産年齢人口(15歳以上65歳未満)が減少します。

# 2節　現代につながる伝統と文化

| 日本の主な年中行事 | | | | |
|---|---|---|---|---|
| 8月 | 7月 | 6月 | 5月 | 4月 |
| お盆 | 七夕 | 夏至 | 端午の節句 | 花見・花祭り |
| … | | | | … |

（　）にあてはまる語句を答えよう。

ノートを活用して，くり返し書いて覚えよう。

## 1 豊かな生活を実現するために

教科書 p.20〜21

◉ 科学・技術の進歩と私たちの暮らし

・（ ① ）や（ ① ）技術の発展は暮らしを便利で豊かにしている。

→AIやスマートフォンなどの電子技術や情報通信技術の進歩。

→医療分野では（ ② ）の作製をきっかけに再生医療が進展。

→医療用ロボットアームの開発などの（ ③ ）で手術や介護の負担を軽減。

◉ 宗教や芸術の果たす役割

・（ ④ ）…教えを信仰する人にとって，生きていくうえでの心の支えであり人々の暮らしなどに影響。

→日本では，自然崇拝（アニミズム）や祖先信仰が（ ⑤ ）や仏教と結びつき大切にされてきた。

→日本の冠婚葬祭や年中行事にはクリスマスなど（ ⑥ ）の影響を受けているものも多い。→日本人の寛容な宗教観。

・（ ⑦ ）…音楽，絵画，演劇など，人々に感動や勇気を与える。

◉ 文化とはなんだろう

・（ ⑧ ）…（ ① ）や（ ④ ），（ ⑦ ）だけでなく，言葉や衣食住など私たちの暮らしに関わる生活様式や行動の仕方。

| ① |
|---|
| ② |
| ③ |
| ④ |
| ⑤ |
| ⑥ |
| ⑦ |
| ⑧ |

## 2 伝統文化の継承と文化の創造

教科書 p.22〜23

◉ 伝統文化とは

・（ ⑧ ）の中で，長い年月にわたって大切に守られ，受け継がれてきたものが（ ⑨ ）。あいさつや祭りなどの生活文化，能，歌舞伎，茶道などがある。

◉ 多様な地域文化の保存と継承

・世界文化遺産や自然遺産の登録が進む一方，郷土の文化には過疎化，少子高齢化の影響で存続が危ぶまれているものもある。

◉ 異文化理解と日本文化の創造

・アニメ，漫画などのポップカルチャー（大衆文化）が世界中で人気。→日本の文化や伝統を理解し，（ ⑩ ）の人々と交流するとともに，文化を創造し伝えていくことが大切。

| ⑨ |
|---|
| ⑩ |

郷土の文化を学ぶことは，先人の知恵や技術を受け継ぐことにもなるんだね。

# 2節　現代につながる伝統と文化

## ① 次の問いに答えなさい。

教科書 p.20 〜 21

(1) iPS細胞の作製により急速に進んでいる，失われた臓器などを再生し，機能を回復させる医療を何といいますか。

(2) 下の文章を読んで，①〜③にあてはまる語句をア〜エから選びなさい。

> （　①　）・技術の進歩は私たちの暮らしに大きな影響を与えている。（　②　）開発の分野では，ロボットアームやスーツの登場によって，医療や（　③　）の負担が軽減された。

　ア　文化　　イ　介護　　ウ　科学　　エ　ロボット

(3) 下の日本の主な年中行事と季節に関する暦を見て，①・②の年中行事を答えなさい。

| 12月 | 11月 | 10月 | 9月 | 8月 | 7月 | 6月 | 5月 | 4月 | 3月 | 2月 | 1月 |
|---|---|---|---|---|---|---|---|---|---|---|---|
| 冬至とうじ・クリスマス | 七五三 | 秋祭り | 秋分・（　②　） | お盆ぼん | 七夕たなばた | 夏至げし | 端午の節句 | 花見もみ・花祭り | 桃ももの節句・ひな祭り・春分・（　②　） | （　①　）・豆まき・バレンタインデー | 正月・初詣はつもうで |

① 豆まきや厄落やくとしなどの行事がおこなわれる立春の前日。

② 春分・秋分をはさむ前後7日の期間。墓参りなどを行う。

| (1) | |
|---|---|
| (2) | ① |
| | ② |
| | ③ |
| (3) | ① |
| | ② |

## ② 次の問いに答えなさい。

教科書 p.22 〜 23

(1) 伝統文化に対して，漫画や音楽，ファッションなどの文化を何といいますか。

(2) 安土あづち・桃山ももやま時代に千利休せんのりきゅうによって大成され，現代まで続いている伝統文化を何といいますか。

| (1) | |
|---|---|
| (2) | |

---

**書きトレ！** 日本人の宗教観の特徴について，「寛容性」「多様性」という言葉を使って，簡単に書きなさい。

（　　　　　　　　　　　　　　　　　　　　　　　　　　　　　　　　　　）

---

ヒント　書きトレ！ 日本の年中行事や宗教的儀式には，仏教や神道だけでなく，キリスト教など外国の宗教の影響もあります。

解答▶▶ p.1

第1章　私たちの暮らしと現代社会

# 3節　私たちがつくるこれからの社会

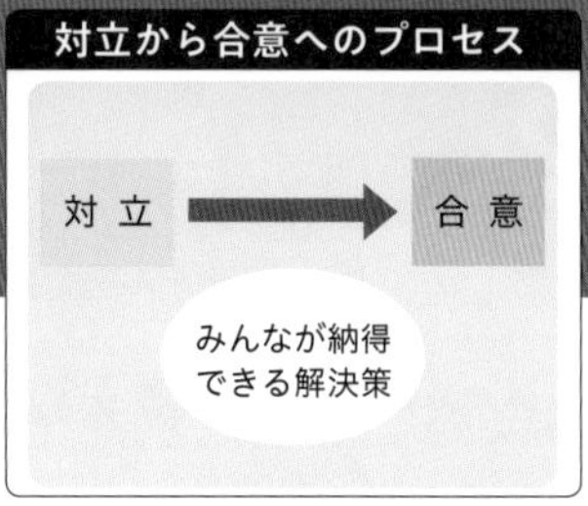
対立から合意へのプロセス
対立
合意
みんなが納得
できる解決策

(　　)にあてはまる語句を答えよう。
ノートを活用して，くり返し書いて覚えよう。

## 1 さまざまな人と生きる　教科書 p.26～27

**人と人とをつなぐもの**

・私たちは**社会集団**の中で成長する。
→( ① )生活の中で，言葉や基本的な生活習慣を身につける。
→( ② )…あいさつ，交通ルールなど社会のしくみを覚える。
→日常生活を通じ，社会で必要な判断力，行動力を養う。
・人間は( ③ )であり，社会集団の中で( ④ )とともに生きることで成長。

**対立から合意へ**

・考えや利害が一致(いっち)しない場合，( ⑤ )が起きる。
→お互いに意見を出し合い，( ⑥ )を目ざす努力が重要。
・人々の考えや利害を調整するために**ルール**を考える。
→ルールは，ものの売買において，売り手と買い手の考えや利害が一致することで成立する( ⑦ )と同じ。( ⑦ )やルールでは，責任や義務を明らかにしておくことが重要。

**話し合いの方法を考えること**

・話し合う際には，**目的**と問題の状況(じょうきょう)や対立点を明確にする。

| | |
|---|---|
| ① | |
| ② | |
| ③ | |
| ④ | |
| ⑤ | |
| ⑥ | |
| ⑦ | |

## 2 誰もが大切にできるルールとは／3 地域のルールを考えよう
## 4 よりよい社会を築くために　教科書 p.28～33

**合意を目ざして**

・( ⑤ )から( ⑥ )にたどり着くためには，お互いの立場を尊重して話し合い，( ⑧ )と( ⑨ )の考え方をもとに具体的なルールをつくることが大切。

**効率と公正とはなんだろう／何度も調整してできたルール**

・( ⑧ )…資源や時間などをできるだけ無駄(むだ)なく使う考え方。
・( ⑨ )…「**結果の公正さ**」(結果が公平なものになっているか)，「**機会の公正さ**」(参加の機会が不当に制限されていないか)，「**手続きの公正さ**」(全員が対等な立場で参加しているか)。

**ルールを見直すこと／人が社会をつくる**

・状況(じょうきょう)が変われば，ルールを見直す必要がある。
・ルールは( ⑩ )をもとに考えるべきだが，権利を守るためには**責任**や**義務**が生じる。

| | |
|---|---|
| ⑧ | |
| ⑨ | |
| ⑩ | |

ルールづくりには，十分な時間をかけて意見を交換し，合意を得ることが大切なんだね。

解答▶▶ p.1

**1** 下の文章を読んで，次の問いに答えなさい。

教科書 p.26 〜 27

　私たちは常に社会集団の中で生活している。人間は（ ① ）
的存在であると言われており，（ ② ）とともに生きることで
成長し，自らの生活を築いていくことができる。そして，人
はお互いのことを（ ③ ）し合い，協力し合うことでよりよい
社会をつくることができる。

(1) ①〜③にあてはまる語句を**ア〜エ**から選びなさい。
　　ア 個人　イ 理解　ウ 社会　エ 他者
(2) 下線部について，私たちが所属する社会集団にはどのよう
　　なものがありますか。1つ書きなさい。

| (1) | ① | |
| --- | --- | --- |
| | ② | |
| | ③ | |
| (2) | | |

**2** 下の文章を読んで，次の問いに答えなさい。

教科書 p.28 〜 33

　人々が社会生活を送るためには，個人の平等を尊重すると
ともに，価値観の違いや利害を調整しながら，一定のルール
を決める必要がある。まずは目的を達成するために，無駄の
ない（ ① ）のよいルールであるか，より多くの人々に対して
（ ② ）なルールであるかが大切だ。そして，人々の（ ③ ）が
得られているかどうかも大事なポイントである。たとえ最初
は意見の（ ④ ）があったとしても，意見の交換などをしてお
互いが歩み寄り，より多くの人が納得できることが重要である。

(1) ①〜④にあてはまる語句を**ア〜オ**から選びなさい。
　　ア 合意　イ 活用　ウ 効率　エ 対立
　　オ 公正
(2) 話し合いにおいて，「みんなが対等な立場で参加している
　　か」という考え方を，何の公正さといいますか。

| (1) | ① | |
| --- | --- | --- |
| | ② | |
| | ③ | |
| | ④ | |
| (2) | | |

書きトレ！ 集団内で対立が生じた場合，どうすればよいでしょうか。「合意」という言葉を使っ
て，簡単に書きなさい。

（ 　　　　　　　　　　　　　　　　　　　　　　 ）

ヒント　**1** (2)言葉や生活習慣，交通ルールはそれぞれどこで覚えたか考えてみましょう。
　　　　書きトレ！ 合意を目ざすためにはお互い話し合うことが大切です。

解答▶▶ p.1 〜 2　　11

## 第1章　私たちの暮らしと現代社会

時間 30分　／100点　合格 70点

① **下の文章を読んで，次の問いに答えなさい。** 20点

> 少子高齢化が進むとともに家庭や家族の形も多様になり，一人暮らしをする単独世帯や，夫婦だけ，あるいは親子だけで生活する（　①　）世帯が増加した。一方で，祖父母と同居して数世帯がいっしょに暮らす大家族は少なくなっている。こうした変化も，少子化につながる原因となっている。

(1)　文章中の（　①　）にあてはまる語句を書きなさい。

**よく出る** (2)　下線部について，少子化の原因として，あてはまらないものをア～エから選びなさい。

　　ア　生活費や教育費の負担が大きい。
　　イ　平均寿命が延びている。
　　ウ　晩婚化や非婚化が進んでいる。
　　エ　働きながら子育てできる環境が十分ではない。

(3)　右のグラフについて，A，Bのうち，生産年齢人口の割合を表しているものを選びなさい。技

(4)　高齢化率が21％を超えた社会のことを何といいますか。

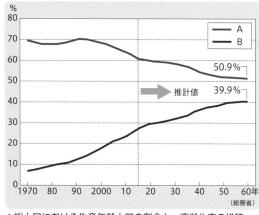

▲総人口における生産年齢人口の割合と，高齢化率の推移

② **次の問いに答えなさい。** 25点

(1)　通信技術が発達して，情報が重要な価値をもつようになった社会を何といいますか。

(2)　記述 インターネットなどの情報技術を活用する際，どのようなことに注意を払えばよいですか。簡単に書きなさい。思

(3)　情報の分野でも経済の分野でも，世界各地の結びつきはますます速く深くなっていきます。このような世界を一体化する動きを何といいますか。

(4)　現代の貿易は，一国の経済活動を超えた，諸外国と相互に支え合うしくみの中で行われています。これを何といいますか。漢字4字で答えなさい。

**❸ 次の問いに答えなさい。** 35点

(1) 日本の年中行事の中には，宗教の影響を受けたものが多くあります。次の行事の中から，キリスト教と仏教に関連するものを，ア〜オからそれぞれ選びなさい。

　ア　お彼岸　　イ　ひな祭り　　ウ　初詣　　エ　七夕　　オ　クリスマス

(2) これからの異文化交流についてまとめた次の文章の，①〜③にあてはまる語句をア〜エから選びなさい。

> 　近年では，日本で古くから受け継がれてきた（　①　）だけでなく，日本のアニメやファッション，音楽などの（　②　）も世界中で注目されている。私たちはこうした日本の文化を理解し，（　③　）の人々と交流するとともに，新しい文化を創造し，伝えていくことが大切である。

　ア　高齢　　イ　ポップカルチャー(大衆文化)　　ウ　海外　　エ　伝統文化

(3) 記述 日本人の宗教観の特徴を簡単に書きなさい。思

**❹ 人々の関係を調整し，調和のとれた社会を築いていくためには，一定のルールが必要です。ルールを考え，活用するうえで必要なことを次のようにまとめました。①〜④にあてはまる語句を書きなさい。思** 20点

> 　（　①　）から（　②　）へ導くためには，意見を出し合い，お互いの立場を尊重しながら話し合うことが重要である。話し合いを通じてルールをつくるときには，場所や時間，お金などを無駄なく使って，より大きな成果を得られる（　③　）のよいルールとなっているか，またより多くの人にとって（　④　）なルールになっているかという考え方が必要である。

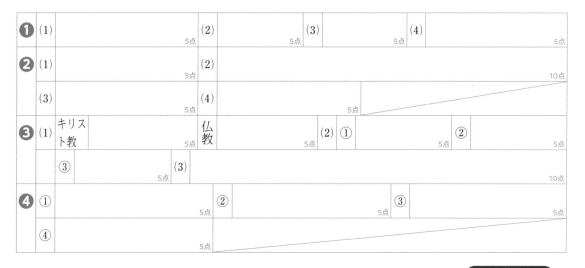

第2章　個人を尊重する日本国憲法

# 1節　日本国憲法の成り立ちと国民主権

法の支配

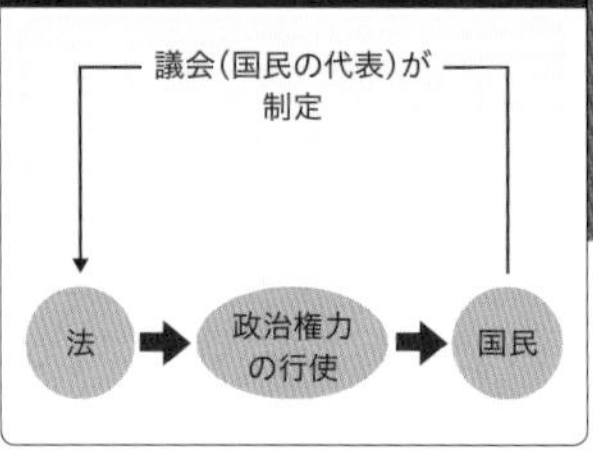
議会(国民の代表)が
制定
法
政治権力
の行使
国民

(　　)にあてはまる語句を答えよう。
ノートを活用して，くり返し書いて覚えよう。

## 1 人権の考え方と歴史

教科書 p.40～41

### 人権とは何か／人権思想の誕生と発展

・**人権**とは人が生まれながらにしてもつ権利のことで，その考えは人々の意思を無視した( ① )への抵抗から生まれた。

・人々は圧迫や迫害から解放されるために，表現の自由，身体の自由，法の下の平等などを求めた。

→アメリカ独立宣言(1776年)，フランス人権宣言(1789年)。

→自由や平等が保証され，経済活動が発展。しかし，厳しい労働環境や貧困は放置される。→( ② )権の登場。

→1948年( ③ )採択。人権は世界で共有される価値となる。

### 日本における人権思想

・1889年に制定された( ④ )では，天皇が主権をもち，国民(臣民)の自由は制限された。

①
②
③
④

## 2 憲法はこうして生まれた／3 国民の意思による政治

教科書 p.42～45

### 憲法とはなんだろう

・**憲法**とは，国の基本的なことを定めた**法**。

・政治のしくみの基本には，国家の権力を国会，内閣，裁判所に分けて互いに抑制し合う( ⑤ )の考え方がある。

→( ⑥ )主義…憲法により国民の権利を保障し，国家権力を制限すること。

→憲法は国の( ⑦ )であり，国会は憲法に反する法律をつくることができない。→( ⑧ )で国民の権利は守られている。

### 日本国憲法の誕生／三つの基本原理

・( ⑨ )…1946年11月3日公布，1947年5月3日施行。

→**国民主権**，**基本的人権の尊重**，**平和主義**が基本原理。

### 国民主権／憲法改正の手続き

・国民主権…国民の重要なことを最終的に決めるのは( ⑩ )。

→国民は，選挙で国民の代表となる国会議員を選ぶ。

・憲法改正は，衆議院と参議院それぞれ3分の2以上の賛成で発議し，**国民投票**で過半数の賛成を得ることが必要(第96条)。

### 象徴としての天皇

・天皇…日本国および日本国民統合の**象徴**。( ⑪ )の助言と承認のもと**国事行為**のみを行う。

⑤
⑥
⑦
⑧
⑨
⑩
⑪



解答▶▶ p. 3

**1** 下の人権思想の流れの年表を見て，次の問いに答えなさい。　教科書 p.40 ～ 41

| 年 | おもな出来事 |
|---|---|
| 1215 | ・イギリスで（　①　）がつくられる。 |
| 1689 | ・イギリスで権利章典が出される。<br>・イギリスの思想家（　②　）が民主政治を主張。 |
| 1748 | ・フランスのモンテスキューが権力の分立を主張。 |
| 1764 | ・フランスの思想家（　③　）が人民主権を主張。 |
| 1776 | ・（　④　）独立宣言が出される。 |
| 1789 | ・フランス人権宣言が出される。 |
| 1919 | ・ドイツで<u>ワイマール憲法</u>が制定される。 |

| (1) | ① |
| | ② |
| | ③ |
| | ④ |
| (2) | |
| (3) | |

(1)　年表中の①～④にあてはまる語句や人名を書きなさい。

(2)　年表中の下線部に取り入れられた，人間らしい生活を保障
　　する権利のことを，何といいますか。

(3)　1948年に国際連合で採択された人権に関する宣言を何といいますか。

**2** 次の問いに答えなさい。　教科書 p.42 ～ 45

(1)　日本国憲法は何年何月何日に公布されましたか。

(2)　日本国憲法作成の際，独自の改正案を政府に示した機関を
　　何と言いますか。

(3)　次の日本国憲法第1条について，①～②にあてはまる語句
　　を書きなさい。

第1条「天皇は，日本国の（　①　）であり日本国民統合の（　①　）
であって，この地位は，（　②　）の存する日本国民の総意に基
づく。」

| (1) | |
| (2) | |
| (3) | ① |
| | ② |

**書きトレ！** 日本国憲法の三つの基本原理を書きなさい。

（　　　　　　　　　　　　　　　　　　　　　　　　　　　　　　）

ヒント **1** (3) 第二次世界大戦で起きた，国家による人権侵害に対する反省から生まれました。
**2** (2) 1945年に第二次世界大戦が終わり，日本はアメリカなどの連合国軍に占領されました。

# 2節　憲法が保障する基本的人権①

基本的人権

自由権 自由に生きるための権利／社会権 人間らしく生きるための権利／参政権・請求権 基本的な人権を守るための権利

幸福追求権・法の下の平等

個人の尊重

（　）にあてはまる語句を答えよう。

ノートを活用して，くり返し書いて覚えよう。

## 1 基本的人権を尊重すること

教科書 p.46～47

◎**生命**の大切さ

・基本的人権の基礎には，誰もがかけがえのない存在という考え方があり，その根底には**生命**の大切さがある。

◎個人の尊重と幸福追求権／◎法の下の平等

・（ ① ）の尊重…自分で自由に考え，それに基づいて行動することが尊重される。

・（ ② ）権…幸せに生きるために必要な権利を保障する権利。

・**法の下の平等**…国家が特定の人を差別してはならない。

| ① |
| --- |
| ② |

## 2 差別をしない，させない／ 3 ともに生きる社会の実現へ

教科書 p.48～51

◎社会の中にある差別

・民族や出身地などを理由とする差別は，（ ③ ）権の侵害。

◎部落差別／◎アイヌ民族への差別／◎外国人に対する差別

・被差別部落の出身者…結婚や就職などで差別をされてきた。

→1965年，（ ④ ）の答申を受け差別解消のための法律を制定。

→2016年，「部落差別の解消の推進に関する法律」を制定。

・アイヌ民族…独自の文化と歴史を築いてきたが，明治政府の同化政策によってアイヌ文化を否定され，差別が強まる。

→1997年に（ ⑤ ）法，2019年に**アイヌ施策推進法**が施行。

・外国人…雇用などで差別。近年はヘイトスピーチも問題化。

◎男女の平等／◎男女共同参画

・日本国憲法は（ ⑥ ）（第24条）で，女性への法的差別を解消。

・1979年，国連で**女子差別撤廃条約**が採択。

→1985年（ ⑦ ）法…雇用，職場での男女差別を禁止。その後の改正で，事業主に（ ⑧ ）防止を義務づける。

→1999年（ ⑨ ）法…社会のさまざまな面で男女が対等に役割をになう。2015年，**女性活躍推進法**も制定。

◎障がいのある人とともに

・1993年，（ ⑩ ）法…（ ⑪ ）化など施設の改善が図られる。

→2013年，（ ⑫ ）法…不当な差別的取扱いを禁止し，「**合理的配慮**」の考え方を導入。

| ③ |
| --- |
| ④ |
| ⑤ |
| ⑥ |
| ⑦ |
| ⑧ |
| ⑨ |
| ⑩ |
| ⑪ |
| ⑫ |

解答▶▶ p.3

第2章　個人を尊重する日本国憲法

# 2節　憲法が保障する基本的人権①

**1** 下の文章を読んで，次の問いに答えなさい。　教科書 p.46〜47

（　①　）の基礎には，人は誰もがかけがえのない存在で，<u>等しく扱われるべき</u>という考え方がある。この根底には，（　②　）の大切さがあるが，現在は遺伝子治療や人工知能が発展していることから，（　②　）とは何かがこれまで以上に問われている。

(1)　①・②にあてはまる語句を書きなさい。

(2)　下線部について，日本国憲法第14条に定められた，国家が人種や性別，社会的身分などをもとに差別をしてはならないことを何といいますか。

| | | |
|---|---|---|
| (1) | ① | |
| | ② | |
| (2) | | |

**2** 今も社会に残る差別問題について，次の問いに答えなさい。　教科書 p.48〜49

(1)　江戸時代にあった身分制度の影響で，結婚や就職の場などでの差別が続いてきた人権問題を何といいますか。

(2)　1997年に公布され，アイヌ民族の誇りを尊重する社会の実現を目的とした法律を何といいますか。

(3)　個人や集団に対し差別をあおる言動を何といいますか。

| | |
|---|---|
| (1) | |
| (2) | |
| (3) | |

**3** 次の問いに答えなさい。　教科書 p.50〜51

(1)　雇用の機会における男女差別の解消を目ざして，1985年にわが国で制定された法律を何といいますか。

(2)　障害者差別解消法について，次の①〜④のうち，障がいのある人へ合理的配慮をしている例にはAを，不当な差別的取扱いの例にはBを付けましょう。

① 障がいがある人本人ではなく，付き添いの人に話しかける。

② 情報を伝えるために写真や絵を使って説明する。

③ 入学試験の際に，別室受験も選択できるようにする。

④ レストランに盲導犬を連れてきたので入店を拒否する。

| | | |
|---|---|---|
| (1) | | |
| (2) | ① | |
| | ② | |
| | ③ | |
| | ④ | |

**書きトレ！** 職場での男女の格差解消を目ざした企業の取り組みを，1つ書きなさい。

（　　　　　　　　　　　　　　　　　　　　　　　　　　）

**ヒント** **書きトレ！** 合理的配慮とは，障がいのある人からなんらかの対応をしてほしいという意思が伝えられた時に，負担が重すぎない程度に対応をすることです。

取り調べの可視化

（　　）にあてはまる語句を答えよう。

ノートを活用して，くり返し書いて覚えよう。

### 4 自由ってなんだろう

教科書 p.54 〜 55

◎ 自由に生きる権利とは

・（ ① ）権…**精神活動の自由，身体の自由，経済活動の自由**が
あり，国家が個人の活動に不当に介入をしてはならない。

◎ **精神活動の自由**／◎ **表現の自由・信教の自由・学問の自由**

・（ ② ）・良心の自由(第19条)…特定の（ ② ）を禁止したり，
差別したりしないよう，自由を保障する。

・集会・結社・（ ③ ）の自由，通信の秘密(第21条)…民主的な
政治活動に参加したり，意見交換のために集会を開いたりで
きる。国が検閲をしたり，電話を盗聴してはならない。

| 詳しく解説！ | **通信傍受法** |
|---|---|

2000年に施行された法律で，犯罪の捜査に関して令状に基づいた通
信の傍受が認められる。

・（ ④ ）の自由(第20条)，学問の自由(第23条)…政治と宗教は
切り離されるべきという考え方（（ ⑤ ））が確立。

| ① |
|---|
| ② |
| ③ |
| ④ |
| ⑤ |

### 5 自由な社会のために

教科書 p.56 〜 57

◎ **身体の自由**

・第二次世界大戦前は，（ ⑥ ）のない逮捕や拷問による自白の
強要が行われていた。日本国憲法ではこれらを禁止し，犯罪
の捜査や刑事裁判において，**身体の自由**を保障。

→警察による逮捕の場合，裁判官の出す（ ⑥ ）が必要(現行
犯を除く)。

→被告人が（ ⑦ ）を依頼する権利，自分に不利益な供述を強
要されない権利（（ ⑧ ）権），脅迫や拷問などによる自白は
証拠にできないことを保障。

→しかし，（ ⑨ ）がなくならず，取り調べの可視化が進む。

| ⑥ |
|---|
| ⑦ |
| ⑧ |
| ⑨ |
| ⑩ |

◎ **経済活動の自由**

・日本国憲法では，**経済活動の自由**が認められ，職業選択の自由，財産権の不可侵、居住・移
転の自由などがある。→一定の職業には資格や届出が必要。

→生活環境を考えて，国や地方自治体による（ ⑩ ）の利用や建築の規制が行われることもあ
る。

解答 ▶▶ p. 4

## 2節　憲法が保障する基本的人権②

### 1 次の問いに答えなさい。

教科書 p.54〜55

(1) 次の①〜③の文は，自由権のうち，どの自由を表していますか。ア〜ウからそれぞれ選びなさい。

① 自由にものを考え，行動する。

② 法律による手続きなしには刑罰を受けない。

③ 自分の好きな仕事に就く。

ア　経済活動の自由　　イ　精神活動の自由

ウ　身体の自由

(2) 精神活動の自由についてまとめた表を見て，①〜③にあてはまる語句を，ア〜オからそれぞれ選びなさい。

| （ ① ）・良心の自由 | 第19条 |
|---|---|
| （ ② ）の自由 | 第20条 |
| 集会・結社・（ ③ ）の自由，通信の秘密 | 第21条 |
| 学問の自由 | 第23条 |

ア　居住　　イ　表現　　ウ　思想　　エ　職業選択

オ　信教

| (1) | ① | |
|---|---|---|
| | ② | |
| | ③ | |
| (2) | ① | |
| | ② | |
| | ③ | |

### 2 次の文中の（　　）にあてはまる語句を書きなさい。

教科書 p.56〜57

(1) 警察官は，裁判官の出す（　　）がなければ，原則として逮捕できない。

(2) 拷問などによる（　　）は，裁判では証拠として使えない。

(3) 日本国憲法では，経済活動の自由として，（　　）の不可侵を保障している。

(4) ともに暮らす人々の生活や環境を考え，国や（　　）によって建築が規制されることがある。

| (1) | |
|---|---|
| (2) | |
| (3) | |
| (4) | |

**書きトレ！** 黙秘権とはどのような権利ですか，簡単に書きなさい。

（　　　　　　　　　　　　　　　　　　　　　　　　　）

ヒント 書きトレ！ 第二次世界大戦前は，拷問などにより自分に不利益なことでも話すよう強要されていました。日本国憲法ではこれらを反省し，身体の自由を保障しています。

ぴたトレ
**3**
確認テスト

第2章
個人を尊重する日本国憲法①

時間 30分　　合格 70点
／100点

**❶ 下の文章を読んで，次の問いに答えなさい。** 20点

> 近代以前のヨーロッパでは，<sub>a</sub>強大な政治権力をもつ支配者が，人々の意思を無視した政治を行っていた。このような時代に，国民の意思に基づいた政治や個人の人権を尊重する政治を求める声が高まり，それが<sub>b</sub>革命を支え，社会を変えることにつながっていった。

(1) 文章中の下線部aのような政治を何といいますか。

(2) 下線部bについて，革命の成果として**資料Ⅰ**が発表されました。この宣言を何といいますか。 [技]

(3) フランスの思想家で，『法の精神』で権力の分立を唱えたのはだれですか。

(4) 1919年に制定され，初めて社会権を取り入れたドイツの憲法を何といいますか。

▲資料Ⅰ

**❷ 下の表を見て，次の問いに答えなさい。** 30点

| | 大日本帝国憲法 | 日本国憲法 |
|---|---|---|
| 主権者 | 天皇 | （　①　） |
| 天皇 | 神聖な存在，国家元首 | 日本国・日本国民統合の（　②　） |
| 内閣 | 天皇の政治を助ける機関 | 行政をすすめる機関 |
| 国会 | 天皇の協賛(同意)機関 | 国権の最高機関 |
| 国民の権利 | 法律で制限できる臣民としての権利 | （　③　）を尊重 |
| 軍隊 | 天皇が軍隊を指揮・命令 | 戦力不保持 |

(1) 上の表中の①～③にあてはまる語句を書きなさい。

(2) 日本国憲法は，何年何月何日に公布されましたか。

(3) 日本国憲法の案は，どこが示したものですか。

(4) 天皇が行っている国事行為は，すべてある機関の助言と承認が必要です。どこの機関ですか。

**❸ 差別問題について，次の問いに答えなさい。** 30点

(1) 1979年に採択された女子への差別をなくすことを目ざした条約は何といいますか。

(2) 相手に不快・苦痛を与え，人間の尊厳を奪う，性的な言葉や行為を何といいますか。

(3) 障害者差別解消法で導入された，障がいのある人に対して，役所や事業所が負担の重すぎない程度に対応をするという考え方を何といいますか。

(4) 1997年に制定された，アイヌ民族を先住民として尊重するとともに，アイヌの人々の民族としての誇りを尊重することを目的とした法律を何といいますか。

(5) 記述 日本国憲法は第24条で「両性の本質的平等」を規定していますが，諸外国に比べて職場における男女間の違いが多く残っています。どのような違いが残っていますか，一つ書きなさい。思

**❹ 基本的人権のうち，自由権は，①精神活動の自由，②身体の自由，③経済活動の自由に分類されます。次のア〜エを①〜③に分類しなさい。技** 20点

ア　将来，日本をはなれて外国に住むこともできる。

イ　法廷の手続きによらなければ，刑罰を受けることはない。

ウ　新聞の投書欄に，政治に関する意見を送る。

エ　特定の宗教を信仰する。

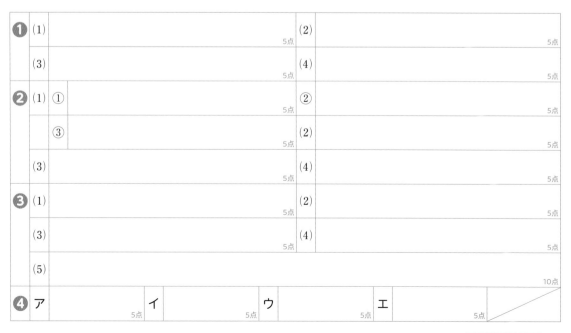

## 2節　憲法が保障する基本的人権③

労働基本権（労働三権）

| 団体交渉権 |
| 団 結 権 |
| 団体行動権<br>（争議権） |

（　　）にあてはまる語句を答えよう。

ノートを活用して，くり返し書いて覚えよう。

### 6 人間らしい生活とは

教科書 p.58〜59

◆社会権とは

・**社会権**…失業や貧困の問題について，国家は人々に対し人間
　らしい生活を保障する。

　→（　①　）権，教育を受ける権利，労働者の権利を保障。

◆生存権と社会保障

・（　①　）権…すべての国民に「健康で（　②　）な最低限度の生活
　を営む権利」を保障する(第25条)。

　→国民年金法，健康保険法，児童や障がいのある人，高齢者
　　に対する福祉法などを整備し，社会保障制度を用意。

　→中でも，（　③　）法は失業や病気などで生活に困っている人々に必要な保護を行い，自立を
　　助けることで人間らしい生活を保障。

・（　④　）…40歳以上のすべての国民が加入し，介護が必要となった際に，国や地方自治体から
　介護サービスを受けられる。

| ① |
| ② |
| ③ |
| ④ |

### 7 人間らしい生活の保障へ

教科書 p.60〜61

◆教育を受ける権利

・**教育を受ける権利**(第26条)として，国民の誰もが学習をする
　機会を与えられている。**教育基本法**により，（　⑤　）の無償も
　保障。

　→教育の機会均等のため，高校の授業料無償化や高校生等奨
　　学給付金などの支援制度を設けている。

　→家庭教育や公民館などを利用して行われる社会教育など，
　　自分の成長のために，自ら方法を選んで生涯にわたって学
　　ぶ（　⑥　）が，人間らしい生活を実現する上で重要である。

◆労働者の権利

・**勤労の権利**(第27条)を保障し，すべての人に働く機会を確保。

　→（　⑦　）法で，労働条件の最低基準を定めている。労働組合
　法，労働関係調整法と合わせて（　⑧　）という。

| ⑤ |
| ⑥ |
| ⑦ |
| ⑧ |
| ⑨ |
| ⑩ |

| 労働基本権<br>（労働三権） | **団結権**（団結して労働組合をつくる） |
| | （　⑨　）権（会社側と対等に交渉する） |
| | （　⑩　）権（ストライキなどで，要求を訴える） |

解答▶▶ p.4

### ① 次の問いに答えなさい。
教科書 p.58〜59

(1) 貧富の差などの不平等をなくし，誰でも人間らしい生活を送ることを保障する権利を何といいますか。

(2) 憲法で「すべての国民は，健康で文化的な最低限度の生活を営む権利」を保障していますが，これは(1)の権利のうち，何という権利ですか。

(3) 2000年から導入された，国や地方自治体などから介護サービスが受けられる社会保険制度を何といいますか。

| | |
|---|---|
| (1) | |
| (2) | |
| (3) | |

### ② 次の問いに答えなさい。
教科書 p.60〜61

(1) 次の文中の(　　)にあてはまる語句を書きなさい。

　① 日本国憲法では，すべての国民が教育を受ける権利をもつと定められています。そのため，9年間の(　　)が保障されています。

　② 社会が複雑化する中で，家庭教育や社会教育など，自分の成長やよりよい生活のために，自分にあった手段や方法を選んで生涯にわたって学ぶ(　　)の充実が求められています。

(2) 会社側から不利な労働条件を押しつけられても，労働者自身が，労働条件の改善を求めることができる3つの権利をまとめて何といいますか。

(3) (2)の権利のうち，労働組合をつくったり加入したりする権利を何といいますか。

| | | |
|---|---|---|
| (1) | ① | |
| | ② | |
| (2) | | |
| (3) | | |

---

**書きトレ！** 教育の機会均等を実現するための支援制度を1つ書きなさい。

( 　　　　　　　　　　　　　　　　　　　　　　　　　　　　 )

---

ヒント　**書きトレ！** けがや病気で入院している子どもたちや，さまざまな理由で中学校を卒業できなかった人たちはどんなところで授業を受けているでしょうか。

子どもに普通教育を受けさせる義務

（　）にあてはまる語句を答えよう。

ノートを活用して，くり返し書いて覚えよう。

## 8 自ら人権を守るために

教科書 p.62 ～ 63

◎**参政権の保障**

・**参政権**…政治に参加する権利。

　→・（　①　）権…国民が代表者を選ぶ権利。

　　・（　②　）権…代表者として選挙に立候補・選出される権利。

　→他にも，憲法改正についての（　③　）権，最高裁判所裁判官を審査する（　④　）権，特定の地方公共団体に適用される特別法についての（　⑤　）権，日本に住むすべての人が国などに要望を直接訴えることができる（　⑥　）権がある。

◎**請求権の保障**／◎**人権を守るためのしくみ**

・**請求権**…権利を侵害されたり，不利益な扱いを受けたりしたときに，国に対して救済を求めることができる権利。

　→・裁判を受ける権利…人権が侵害された場合は，裁判所で，公正に判断してもらうことができる。

　　・（　⑦　）権…国があやまって国民に損害を与えた場合は，損害賠償を求めることができる。

　　・刑事補償請求権…刑事裁判で無実になった場合は，身柄の拘束に対して補償を求めることができる。

・人権が侵害されないように，法務省の人権擁護局などが相談や監視，啓発活動を行っている。

　→地方自治体では，虐待などを受けた子どもや，DV（ドメスティック・バイオレンス）などの被害を受けた人からの相談や支援体制を整えている。

| ① |
|---|
| ② |
| ③ |
| ④ |
| ⑤ |
| ⑥ |
| ⑦ |

## 9 自由と権利を守るために

教科書 p.64 ～ 65

◎**人権と公共の福祉**

・「（　⑧　）」による制約…人々がともに生きていくために，例外的に人権の制約を認める。

　→どうしても必要な制約かどうか，慎重な判断が必要。

◎**国民の権利と義務**

・**国民の三大義務**…子どもに（　⑨　）を受けさせる義務，勤労の義務，（　⑩　）の義務。

　→国は憲法に違反しない範囲で，国民に義務を課す法律を制定できる。

| ⑧ |
|---|
| ⑨ |
| ⑩ |

## ❶ 下の文章を読んで，次の問いに答えなさい。

教科書 p.62～63

　人権が保障された社会をつくり，より良いものとするために保障されている権利の一つとして，（ ① ）がある。この（ ① ）は，国民が政治に参加する権利であり，このうち，国会議員や地方議会の議員，知事，市区町村長を選挙で選ぶ権利が（ ② ）である。現在，（ ② ）はすべての日本国民の満（ ③ ）歳以上に認められている。

(1)　①～③にあてはまる語句を**ア～カ**から選びなさい。

　　**ア** 被選挙権　　**イ** 自由権　　**ウ** 20　　**エ** 18

　　**オ** 選挙権　　**カ** 参政権

(2)　日本に住むすべての人に認められた，国や地方公共団体に要望を訴えることができる権利を何といいますか。

(3)　配偶者(はいぐうしゃ)(夫，妻)からの暴力を何といいますか。

| (1) | ① |   |
|---|---|---|
|   | ② |   |
|   | ③ |   |
| (2) |   |   |
| (3) |   |   |

## ❷ 次の問いに答えなさい。

教科書 p.64～65

(1)　次の①～③は，国民の三大義務を定めた憲法の条文です。文中の（　）にあてはまる語句を書きなさい。

　①　第26条：すべての国民は，法律の定めるところにより，その保護する子女に（　　）を受(う)けさせる義務を負ふ(う)。

　②　第27条：すべての国民は，（　　）の権利を有し，義務を負ふ(う)。

　③　第30条　国民は，法律の定めるところにより，（　　）の義務を負ふ(う)。

| (1) | ① |   |
|---|---|---|
|   | ② |   |
|   | ③ |   |

**書きトレ!** 「公共の福祉」による制約とは何ですか。「人権」「制約」という言葉を使って，簡単に書きなさい。

(　　　　　　　　　　　　　　　　　　　　　　　　　　　　　　　　　)

**ヒント**　**書きトレ!** 私たちには集会の自由が保障されていますが，公共の福祉による人権の制約の一例として，交通の秩序を維持するために，公共の道路でデモ行進などを行うときは事前に許可を取る必要があります。

臓器提供意思表示カード

臓器提供意思表示カード
厚生労働省・(公社)日本臓器移植ネットワーク

ドナー情報用全国共通連絡先 0120-22-0149
臓器移植に関するお問い合わせ先 (公社)日本臓器移植ネットワーク
フリーダイヤル 0120-78-1069 https://www.jotnw.or.jp

（　）にあてはまる語句を答えよう。
ノートを活用して，くり返し書いて覚えよう。

## 10 発展する人権
教科書 p.66～67

◉「新しい人権」の登場／◉知る権利

・社会の急速な変化で生まれた新しい問題に対応するために，
憲法の条文を根拠として，「新しい人権」が生まれている。
→快適な環境で暮らす（　①　）権，知る権利など。

・知る権利…国や地方公共団体がどのような仕事を行っている
か，（　②　）が意見や批判をするために認められた権利。
→情報公開法，情報公開条例の制定により，私たちが公開請
求をすると，保管している公的な文書を見ることができる
（（　③　）制度）。

◉プライバシーの権利／◉自己決定権

・個人の私生活や情報を守る権利として（　④　）の権利が認めら
れ，（　⑤　）法によって守られている。
→SNSなどの普及により，個人情報の流出や悪用による人
権侵害がおきている。

・（　⑥　）権…生き方や生活を自分の意思で決定できる権利。
→（　⑦　）…医療において，患者が治療を受けるかどうか選択
する。あらかじめ臓器提供の意思を表示できるカードもある。

① 
② 
③ 
④ 
⑤ 
⑥ 
⑦ 

## 11 人権侵害のない世界に
教科書 p.70～71

◉人権問題は国際社会の問題／◉国境を越える取り組み

・1948年，国際連合ですべての人に人権があるとした（　⑧　）が
採択され，各国の人権保障の基準となる。
→宣言を具体化した（　⑨　），女子差別撤廃条約，障害者権利
条約などが制定される。
→人権条約を結んだ国は，条約の内容を実現するための法律
などをつくり，成果を条約機関に報告し，審査される。
→2015年には「持続可能な開発目標（SDGs）」を採択。
→（　⑩　）（非政府組織）が意見や情報を提供して，人権条約の
制定に大きな役割を果たしている。

◉世界の子どもたちの人権

・1989年，国連で（　⑪　）が採択され，子どもたちが人間らしく生きるための権利が保障される。

⑧ 
⑨ 
⑩ 
⑪ 

解答▶▶ p.5

### 1 次の問いに答えなさい。

教科書 p.66 ～ 67

(1) 次の①～③は，新しい人権についてまとめたものです。あてはまるものを，**ア～エ**から選びなさい。

① 個人の私生活を他人にのぞかれたり，利用されたりすることから守る権利である。

② 国民が，国や地方公共団体に対して情報の提供を求める権利である。

③ 快適な環境のもとで健康に暮らす権利である。

**ア**　環境権　　**イ**　知る権利

**ウ**　プライバシーの権利　　**エ**　嫌煙権

(2) 子どもをもつか，病気で必要な治療を受けるかなど，自分自身で決めることができる権利を何といいますか。

| (1) | ① | |
| | ② | |
| | ③ | |
| (2) | | |

### 2 次の問いに答えなさい。

教科書 p.70 ～ 71

(1) 次の①～③は，国際連合が採択した人権に関する条約などについてまとめたものです。あてはまるものを，**ア～エ**から選びなさい。

① 人権を保障するために各国が守るべき共通の基準を明らかにしたもの。

② 国際的に男女平等をすすめるためのもの。

③ 18歳未満の子どもたちが生きるために必要な権利が保障されたもの。

**ア**　障害者権利条約　　**イ**　女子差別撤廃条約

**ウ**　世界人権宣言　　**エ**　子どもの権利条約

| (1) | ① | |
| | ② | |
| | ③ | |

> **書きトレ！** 新しい人権が登場した理由について，「情報化」「科学技術」という言葉を使って，簡単に書きなさい。

（　　　　　　　　　　　　　　　　　　　　　　　　　　）

---

**ヒント**　**書きトレ！** 社会の急速な変化により，日本国憲法が制定されたころには想像されなかった新しい問題がもたらされ，それに対応する必要があります。

第2章　個人を尊重する日本国憲法

# 3節　私たちと平和主義

国際平和協力業務

（　　）にあてはまる語句を答えよう。

ノートを活用して，くり返し書いて覚えよう。

## 1 憲法に定められた平和主義

教科書 p.72 〜 73

◉平和主義を掲げる憲法

・日本は戦争によって，人々の生命や人権を奪ったことを反省。

→憲法の（　①　）で「恒久の平和を念願」すると宣言し，第
（　②　）条で戦争の（　③　），戦力の不保持，国の交戦権を否認。

・**平和主義**…国の安全確保，国際社会の紛争の解決の際に，で
きるだけ（　④　）の行使を避け，外交交渉などで解決を目ざす。

◉自衛隊とその役割／◉文民統制の意義

・主に国の防衛と，国際社会の安全を維持するために，1954年
に**自衛隊**が設置される。

→警察予備隊(のち保安隊)が前身で，現在は国連の平和維持
活動，国内外の災害の支援活動で活躍している。

→自衛隊の存在について，政府は「自衛のための（　⑤　）の実
力」を保持することは「戦力」ではないという見解。

→規模の縮小を唱える声や，憲法違反という意見もある。

・**文民統制（シビリアン・コントロール）**…自衛隊は国会と政府の民主的な統制下におかれてい
る。最高指揮権は（　⑥　）である内閣総理大臣，統括する防衛大臣も（　⑥　）。

| ① |
|---|
| ② |
| ③ |
| ④ |
| ⑤ |
| ⑥ |

## 2 日本の安全保障と平和主義のこれから

教科書 p.74 〜 75

◉日米安全保障条約の役割と影響

・1951年，アメリカと（　⑦　）条約を結び，東アジアの平和を守
る目的で，日本国内にアメリカ軍の駐留を認めている。

→日本が武力攻撃を受けた場合，アメリカが日本と共同して
対処するかわりに，日本はアメリカ軍に（　⑧　）を提供する。

→（　⑧　）周辺の住民の生活に大きな影響を及ぼしている。

・1996年，（　⑨　）宣言を発表し，日米の協力関係を維持。

◉国際社会の変化と防衛／◉平和の構築へ向けて

・1991年の湾岸戦争をきっかけに，（　⑩　）法（**PKO協力法**）が
成立し，自衛隊が（　⑪　）に派遣される。

→国外の戦争などでは米・英軍の平和維持活動を後方支援す
るため，政府が「非戦闘地域」とする地域に派遣した。

・自衛隊に対し，より積極的な平和維持活動への参加を望む意見もある。

| ⑦ |
|---|
| ⑧ |
| ⑨ |
| ⑩ |
| ⑪ |

解答▶▶ p.6

# 3節　私たちと平和主義

## ① 下の文章を読んで，次の問いに答えなさい。

教科書 p.72 ～ 73

> 1　日本国民は，正義と秩序を基調とする国際平和を誠実に希求し，国権の発動たる戦争と，武力による威嚇又は武力の行使は，国際紛争を解決する手段としては，永久にこれを放棄する。
>
> 2　前項の目的を達するため，陸海空軍その他の戦力は，これを保持しない。国の交戦権は，これを認めない。

(1)　この文章は，平和主義をさだめている日本国憲法の条文です。第何条ですか。

(2)　この条文で宣言している基本原則は何ですか。3つ答えなさい。

(3)　政府は自衛隊をこの条文で禁じている「戦力」ではないという見解を示しています。現在，自衛隊の指揮・統括は，職業軍人ではない内閣総理大臣と防衛大臣が行うことになっています。このことを何といいますか。

| | |
|---|---|
| (1) | |
| (2) | |
| | |
| (3) | |

## ② 次の問いに答えなさい。

教科書 p.74 ～ 75

(1)　1951年に日本とアメリカが，東アジアの平和を守る目的で結んだ条約を何といいますか。

(2)　湾岸戦争をきっかけに，アメリカの人員派遣の要請を受けて，自衛隊の海外派遣への道を開いた法律を何といいますか。

| | |
|---|---|
| (1) | |
| (2) | |

---

**書きトレ!** 平和主義を実現するために掲げている「非核三原則」とは何ですか。「核兵器を」という言葉に続けて書きなさい。

（　　　　　　　　　　　　　　　　　　　　　　　　　　　　）

---

ヒント　① (2)日本国憲法はこの条文で，戦力の保持と行使を制約しています。

(3)職業軍人ではない人を「文民」といい，日本では現職の自衛官でない人を指します。

時間30分　　合格70点
／100点

**❶ 下の文章を読んで，次の問いに答えなさい。**　　75点

> 　a基本的人権は「人類の多年にわたる自由獲得の努力の成果」によるものであり，日本国憲法においても，基本的人権の尊重は，国民主権，b平和主義とあわせて三大原則の一つとして定められ，c「国民の権利及び義務」の章にも明記されている。

(1)　下線部aについて，答えなさい。

①　国は，病気や失業のため働くことができず，収入を得られない人に対して必要な保護を保障しています。この法律を何といいますか。

②　日本国憲法では，国民の誰もが等しく教育を受ける権利を持つと定めています。そのため，9年間無償の何が保障されていますか。

③　主権者である国民が，国や地方公共団体に対して，情報の提供を求めることができる権利を何といいますか。

④　記述 SNSやインターネットの急激な普及で起きている問題を，「個人情報」という言葉を使って簡単に書きなさい。思

(2)　下線部bについて，答えなさい。

①　日本国憲法で，戦争を放棄し，戦力を持たず，交戦権を認めないと定めているのは憲法第何条ですか。

②　日本は，核兵器を「持たず，つくらず，持ち込ませず」という原則を掲げています。この原則を何といいますか。

(3)　下線部cについて，答えなさい。

①　次のア～オのうち，社会権に関するものにはAを，参政権に関するものにはBを，請求権に関するものにはCを書きましょう。技

ア　70歳の祖父は，国民年金を支給されている。

イ　兄は18歳になったので，衆議院議員総選挙の投票に出かけた。

ウ　国民は，だれでも公正な裁判を受けることができる。

エ　中学3年生である私の教科書は，国から無償で配布されている。

オ　刑事裁判で無罪になった人は，国に対して補償を求めることができる。

②　下の絵は，国民の三大義務の様子をあらわしたものです。ア～ウにあてはまる言葉をそれぞれ書きなさい。技

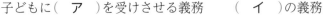

子どもに（　ア　）を受けさせる義務　　（　イ　）の義務　　（　ウ　）の義務

　　成績評価の観点　　技…資料活用の技能　　思…社会的な思考・判断・表現

**❷** 下の文章を読んで，次の問いに答えなさい。　25点

> 　日本の自衛隊の始まりは，1950年に起きた（　①　）戦争に備えるために編成された（　②　）隊である。その後，保安隊という名称に変わり，1954年に自衛隊となった。自衛隊の最高指揮官は文民である内閣総理大臣である。1991年に起きた（　③　）戦争をきっかけに，国際平和協力法が成立し，自衛隊の海外派遣が始まった。現在では国連の平和維持活動や復興支援に協力している。

(1)　①〜③にあてはまる語句を，次の**ア〜カ**から選びなさい。
　　**ア**　イラク　　**イ**　湾岸　　**ウ**　太平洋　　**エ**　警察予備　　**オ**　機動　　**カ**　朝鮮

**よく出る**
(2)　1951年に東アジアの平和を守ることを目的にアメリカと結んだ条約を何といいますか。

(3)　自衛隊について<u>あてはまらない</u>ものを，**ア〜エ**から選びなさい。
　　**ア**　1992年，国連のPKO活動の一環として初めて派遣された地域は南スーダンである。
　　**イ**　紛争が発生したときは，「非戦闘地域」に派遣されることがある。
　　**ウ**　自衛隊の海外派遣について，戦闘に巻き込まれるのではないかと心配する意見もある。
　　**エ**　国内で災害が発生したとき，復興支援のため現地に派遣される。

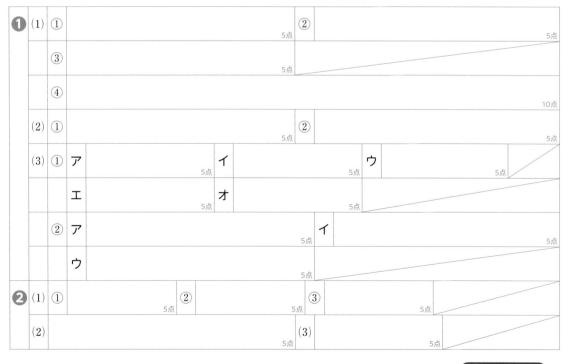

# 1節　民主政治と日本の政治①

（　　）にあてはまる語句を答えよう。

ノートを活用して，くり返し書いて覚えよう。

## 1 民主政治ってなんだろう

教科書 p.84 ～ 85

◉民主政治で決めること／人々が参加する政治

・**民主主義**…社会を構成する人々に関係することについては，その社会の人々自身が決定するという考え方。

→このときさまざまな考え方や利害を調整するのが**政治**で，多くの人が参加して行う政治を（　①　）という。

→一人または少数の人で一方的に決める政治が（　②　）。

→（　③　）制…人々が集まって話し合い，納得したうえで物事を決定する。

→（　④　）制（議会制民主主義（代議制））…自分たちの意見を代表する人を選び，その代表者が議会に集まって決定する。

◉多数決と民主政治

・意見が一致しないときは，（　⑤　）が採用される。

→反対や少数意見の人の権利が否定されないように注意する。

| ① |
| ② |
| ③ |
| ④ |
| ⑤ |

## 2 国民の代表を選ぶ選挙／ 3 18歳選挙権と私たち

教科書 p.86 ～ 89

◉選挙で議員を選ぶこと／◉日本の選挙制度

・自分たちの代表である議員を**選挙**で選ぶ。

→民主的な選挙であるためには，財産や性別に関係なく選挙権が認められる（　⑥　），公平に一人一票である（　⑦　），投票の秘密が守られる（　⑧　），直接候補者に投票ができる**直接選挙**などの条件を満たす必要がある。

| （　⑨　）制 | 一つの選挙区から一人の議員を選出する。 |
| （　⑩　）制 | 政党名で投票し，得票数に応じて議席を配分する。 |

→日本の衆議院の選挙は（　⑪　）制を採用し，参議院では全国を一つの単位とする比例代表選挙と，都道府県を単位とする**選挙区**に分かれる。

◉選挙権の拡大／選挙の課題／一票の格差の問題

・2016年公職選挙法の改正で，選挙権年齢（ねんれい）が（　⑫　）歳（さい）以上になったが，若い世代を含め，全体的に投票率が低下している。

→投票の棄権は，権利の放棄であり，議会の決定への信頼（しんらい）性が低下する。

・「**一票の格差**」…議員一人当たりの有権者の数の差が大きいこと。

| ⑥ |
| ⑦ |
| ⑧ |
| ⑨ |
| ⑩ |
| ⑪ |
| ⑫ |

解答▶▶ p.7

# 1節　民主政治と日本の政治①

**❶ 下の文章を読んで，次の問いに答えなさい。。**　教科書 p.84〜85

　民主主義では，多くの人が話し合いに加わり，その結果を尊重して物事を決める。全員が集まって話し合い，全員が納得した上で決定することを（　　）制という。

　しかし，人数が多くなると，全員が集まって物事を決めることが難しくなった。

|  |  |
|---|---|
| (1) |  |
| (2) ① |  |
| ② |  |

(1)　文章中の（　　）にあてはまる語句を書きなさい。

(2)　下線部について，次の問いに答えなさい。

　①　国民が議員を選び，議員が話し合って決めるしくみを何といいますか。

　②　代表者が集まっても意見が一致しない場合はどのような方法で決めますか。

**❷ 次の問いに答えなさい。**　教科書 p.86〜87

(1)　性別や財産に関係なく選挙権が認められた選挙を何といいますか。

(2)　右の図のような選挙制度を何といいますか。

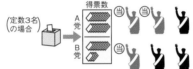

|  |  |
|---|---|
| (1) |  |
| (2) |  |

**❸ 次の問いに答えなさい。**　教科書 p.88〜89

(1)　2020年現在，選挙権の年齢は何歳からですか。

(2)　選挙区によって，議員一人当たりの有権者数に大きな差があるという問題を何といいますか。

|  |  |
|---|---|
| (1) |  |
| (2) |  |

第3章

教科書84〜89ページ

---

**書きトレ！** 期日前投票とはどのような制度でしょうか。簡単に書きなさい。

（　　　　　　　　　　　　　　　　　　　　　　　　　　）

---

**ヒント**　❷ (2)政党名を書いて投票し，政党に得票数に応じた議席を配分します。
　　　　　❸ (1)2018年6月に選挙権年齢は引き下げられました。

衆議院本会議場

（　　）にあてはまる語句を答えよう。
ノートを活用して，くり返し書いて覚えよう。

## 4 願いをかなえる政党政治

教科書 p.90～91

◈**政党とは何か**／◈**与党と野党**

・同じ考えをもつ人々が集まって作った団体が**政党**である。
　→意見を集約して政策をつくり，選挙では（ ① ）を示す。
・議会で議員の過半数を占める政党が，内閣を組織して**政権**を
　獲得する。
　→政権をになう政党が（ ② ）であり，政権に参加しない政党
　　を（ ③ ）という。
　→政党間の競争で政治が運営されることを**政党政治**という。

◈**選挙と政党政治**

・民主主義のもとでは，複数の政党が必要である。

| （ ④ ）制 | 大きな二つの政党が競い合う政治。 |
| （ ⑤ ）制 | 三つ以上の政党が存在する政党政治。 |

　→（ ⑤ ）制において，一つの政党が単独で議会の過半数の議
　　席がとれない場合，二つ以上の政党が協力する（ ⑥ ）がつ
　　くられる。

◈**政治資金**

・政党の活動には資金が必要である。
　→政治の公平性を保つため，政治家個人への献金は原則禁止。
　→申請のあった政党には国庫から（ ⑦ ）が提供される。

| ① |
| ② |
| ③ |
| ④ |
| ⑤ |
| ⑥ |
| ⑦ |

アメリカは二党制，日本は多党制だよ。

## 5 マスメディアと政治

教科書 p.92～93

◈**世論とマスメディア**

・社会や政治の問題に対する，人々の意見の集まりが（ ⑧ ）。
　→（ ⑧ ）は議会や政権に大きな影響を与える。
　→テレビや新聞などの（ ⑨ ）が（ ⑧ ）の形成に影響する。

◈**マスメディアと公平性**／◈**マスメディアへの姿勢**

・（ ⑨ ）は公平性を確保し，事実を正しく報道する責任がある。
　→虚偽の報道や情報（（ ⑩ ））の危険性が問題化。
・複数の情報源を比較したり，報道がどのようなデータに基づいているのか確認したりすること
　が大切であり，何が正しいのか自分で考えることで優れた（ ⑧ ）が形成される。

| ⑧ |
| ⑨ |
| ⑩ |

34

解答▶▶ p.7

# ぴたトレ 2 練習

## 1節　民主政治と日本の政治②

**1** 下の文章を読んで，次の問いに答えなさい。

教科書 p.90～91

　議会ではさまざまなことが多数決で決定される。少数の議員だけでは自分たちの考えを実現することが難しいので，多くの議席を獲得するために政党をつくる。議会の過半数の議席を確保し，政権をになう政党が（　①　）である。多党制において，単独で過半数の議席が確保できない場合は（　②　）がつくられる。

(1)　①～②にあてはまる語句を**ア**～**エ**から選びなさい。

　　**ア**　連立政権　　**イ**　与党　　**ウ**　野党　　**エ**　公約

(2)　下線部について，次の問いに答えなさい。

　　①　アメリカなどのように，二つの大きな政党が競争する政党政治を何といいますか。

　　②　申請のあった政党に提供される政党交付金は，どこから提供されますか。

| (1) | ① | |
| --- | --- | --- |
| | ② | |
| (2) | ① | |
| | ② | |

**2** 次の問いに答えなさい。

教科書 p.92～93

(1)　各政党や内閣の支持率，重要問題などに対する人々の意見を，マスメディアや専門の会社が調査することを何といいますか。

(2)　マスメディアではないものを，**ア**～**エ**から選びなさい。

　　**ア**　ラジオ　　**イ**　テレビ　　**ウ**　新聞　　**エ**　AI

| (1) | |
| --- | --- |
| (2) | |

**書きトレ!** マスメディアの情報を正しく使いこなして社会の問題を考えるためには，どのようなことに気をつけるべきでしょうか。簡単に書きなさい。

（　　　　　　　　　　　　　　　　　　　　　　　　　　　　　　）

**ヒント**　**書きトレ!** 同じ問題を取り扱っていても，新聞やテレビによって見出しや主張が大きく違うことがあります。何が正しいのか考えるためにはどうすればよいでしょうか。

参議院予算委員会

（　　）にあてはまる語句を答えよう。

ノートを活用して，くり返し書いて覚えよう。

### 1 国会の決定は国民の意思

教科書 p.96 ～ 97

◉国会の地位と種類／◉二院制の国会／◉衆議院の優越

・**国会**は国民の代表機関であり，国会で審議され決定されたことは国民の意思とみなされる。

→第41条で「国会は国権の（　①　）であり，国の唯一の（　②　）である」と定められている。

・国会には，毎年1回，1月に召集される（　③　），必要に応じて開く（　④　），衆議院の解散による総選挙の日から30日以内に召集される**特別会**（**特別国会**）がある。

・日本の国会は，衆議院と（　⑤　）からなる二院制であり，議員数や任期，被選挙権，選挙区，選挙制度に違いをもたせている。

→慎重に審議や決定を行える一方，審議に時間がかかり，決定が遅くなるという短所がある。

・（　⑥　）の指名，予算の議決などいくつかの重要な決定において，任期が短く解散のある衆議院により強い権限を与える（　⑦　）が認められている。

| ① |
| --- |
| ② |
| ③ |
| ④ |
| ⑤ |
| ⑥ |
| ⑦ |

### 2 国会は唯一の立法機関

教科書 p.98 ～ 99

◉国会の仕事／◉国会の審議と議決／◉立法活動と国会議員

・最も重要な仕事は，法律案を審議し，法律を制定すること。

・国民が納めた税金などの歳入に基づいて，今後1年間必要となる歳出の見積もりを定めた（　⑧　）を決める。

・（　⑨　）権により内閣の仕事ぶりを調査したり，（　⑥　）の指名や，ふさわしくない裁判官を辞めさせるかどうか決める（　⑩　）を行ったりする。

・国会の審議は，両院において議員全員が参加する本会議と，少人数の議員に分かれて所属する（　⑪　）で行う。

→議案の内容に応じて各（　⑪　）で審議し，必要な場合は専門家などの意見を聞く（　⑫　）を開く。

→両院の議決が異なる場合は**両院協議会**を開いて調整する。

・国会議員は審議に参加し，法律をつくることが重要な仕事。

→内閣が提出する閣法と，議員が提出する（　⑬　）がある。

| ⑧ |
| --- |
| ⑨ |
| ⑩ |
| ⑪ |
| ⑫ |
| ⑬ |

解答▶▶ p. 8

### ① 次の問いに答えなさい。

教科書 p.96〜97

(1) 衆議院の解散による総選挙の日から30日以内に召集される国会を何といいますか。

(2) 国会の仕事で，衆議院の優越にあてはまらないものを，**ア**〜**エ**から選びなさい。

　　**ア**　法律案を議決する。

　　**イ**　憲法改正を発議する。

　　**ウ**　条約の承認を議決する。

　　**エ**　内閣総理大臣を指名する。

| (1) | |
|---|---|
| (2) | |

### ② 下の図を見て，次の問いに答えなさい。

教科書 p.98〜99

最初の議院　次の議院

法律案　議長　委員会　本会議　議長　委員会　本会議　成立　（③）による公布

内閣

（①）

（②）（重要な法律案）　（②）（重要な法律案）

| (1) | ① |
|---|---|
| | ② |
| | ③ |
| (2) | |
| (3) | |

(1) この図は法律ができるまでのしくみをあらわしたものです。①〜③にあてはまる語句を答えなさい

(2) 本会議で衆議院と参議院の議決が異なる場合，何を開いて意見を調整しますか。

(3) 内閣が提出する法律案を何といいますか。

**書きトレ!** 衆議院の優越が認められている理由を，「国民の意思」「任期」「解散」という言葉を使って，簡単に書きなさい。

（　　　　　　　　　　　　　　　　　　　　　　　　　　　　　　　）

**ヒント**　**書きトレ!** 衆議院が任期を終えたり解散したりすると，選挙が行われます。選挙は，私たちの意思を政治に反映するしくみの一つです。

# ぴたトレ 1

**要点チェック**

## 2節　三権分立のしくみと私たちの政治参加②

**小さな政府と大きな政府**

大きな政府　高負担　高福祉

小さな政府　低負担　低福祉

（　）にあてはまる語句を答えよう。

ノートを活用して，くり返し書いて覚えよう。

### 3　行政をまとめる内閣

教科書 p.100～101

◈**行政と内閣の仕事／◈議院内閣制とは**

・国会が決めた予算や法律に基づき，国の仕事を実際に行うことを**行政**という。

　→全体の指揮・監督をする（　①　）は，（　②　）（首相）と（　③　）で構成され，さまざまな重要方針を，（　④　）で決定。

・（　②　）は，国会で国会議員の中から指名され，（　③　）の過半数は，国会議員から選ばれる。

　→内閣は国会の信任に基づいてつくられ，内閣が国会に対して責任を負うしくみを（　⑤　）制という。

　→内閣が信頼できない場合，衆議院は（　⑥　）を提出することができる。（　⑥　）が可決されると，内閣は（　⑦　）するか，または10日以内に**衆議院を解散**するかを選ぶ。

　→衆議院が解散した場合，衆議院議員選挙が行われ，選挙後の特別会で新しい（　②　）を指名する。

◈**さまざまな機関と公務員**

・行政の仕事は，府・省・庁・委員会などの多くの機関に分担。

　→公正さを保つために，公正取引委員会，中央労働委員会，人事院などのように，内閣や府省庁の仕事からある程度独立した権限をもつ機関もある。

・各機関で日常の仕事をになうのが一般職の（　⑧　）である。

| ① |
| --- |
| ② |
| ③ |
| ④ |
| ⑤ |
| ⑥ |
| ⑦ |
| ⑧ |

### 4　暮らしと関わる行政

教科書 p.102～103

◈**行政の拡大／◈行政改革の推進**

・現代では，福祉や医療，環境保全なども行政の重要な役割となり，行政のしくみが複雑化し，行政権の力が大きくなった。

・行政の仕事を整理する（　⑨　）が1980年代から始まる。

　→国の仕事を民間にうつす民営化や民間活動の（　⑩　），2001年の中央省庁の再編，国立病院や博物館の（　⑪　）化。

◈**行政の効率と公正**

・低負担・低福祉の「（　⑫　）」と，高負担・高福祉の「**大きな政府**」がある。

　→効率的で公正な行政をどのように実現するかが大きな課題。

| ⑨ |
| --- |
| ⑩ |
| ⑪ |
| ⑫ |

解答▶▶ p.8

## ぴたトレ 2 練習

# 2節　三権分立のしくみと私たちの政治参加②

## ❶ 下の図を見て，次の問いに答えなさい。

教科書 p.100〜101

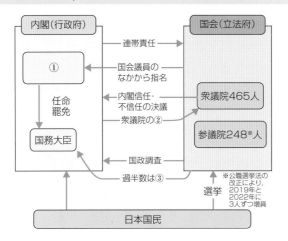

内閣（行政府）

① → 任命 罷免 → 国務大臣

国会（立法府）

連帯責任

国会議員の なかから指名

内閣信任・ 不信任の決議 ← 衆議院465人

衆議院の②

過半数は③

参議院248※人

国政調査

選挙

※公職選挙法の 改正により， 2019年と 2022年に 3人ずつ増員

日本国民

(1) この図は，国会と内閣の関係をあらわしたものです。①〜③にあてはまる語句を答えなさい。

(2) この図のように，内閣は国会の信任に基づいて成立し，国会に対して連帯して責任を負っています。このようなしくみを何といいますか。

(3) 内閣は，天皇の国事行為に対して何を与えますか。二つ答えなさい。

| (1) | ① |
| --- | --- |
|  | ② |
|  | ③ |
| (2) | |
| (3) | |

## ❷ 次の問いに答えなさい。

教科書 p.102〜103

(1) 日本郵便公社が日本郵政グループ(JP)になったように，国の仕事を民間に移すことを何といいますか。

(2) 国立大学や国立病院など，国の組織から切りはなされ，それぞれの自主性のもとに運営をする機関を何といいますか。

| (1) | |
| --- | --- |
| (2) | |

書きトレ！ 「大きな政府」とはどのような政府ですか。「税金」「福祉」という言葉を使って，簡単に書きなさい。

ヒント 書きトレ！ アメリカのような「小さな政府」は税金などの負担は少ないですが，その分行政サービスも少なく，福祉などの社会保障を十分に受けられない人もいます。

第3章 教科書100〜103ページ

時間30分　　合格70点　　／100点

❶ 次の問いに答えなさい。　　20点

(1) 国民が議員を選び，議員が話し合って決定するしくみを何といいますか。

(2) 一人または少数の人間だけで，一方的に物事を決める政治を何といいますか。

(3) 記述 多数決によって最終的な結論を出す場合，少数意見の人の権利に対してどのようなことに注意しなければならないでしょうか。思

❷ 下の図を見て，次の問いに答えなさい。　　45点

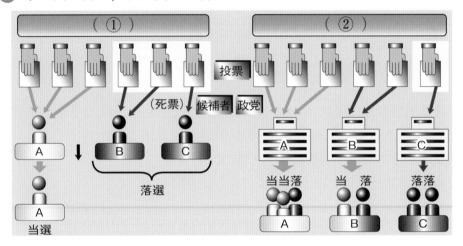

(1) 図中の①・②にあてはまる選挙制度をそれぞれ何といいますか。

(2) 図中の①では，候補者B，Cに投じられた票は議席に結びつきませんでした。こうした票を何といいますか，図中から語句を探して書きなさい。技

(3) いずれかの政党が単独で，議会の過半数の議席を獲得しやすいのは①，②のどちらですか。記号で答えなさい。技

(4) 現在，日本の衆議院議員選挙は①と②を組み合わせて行われています。これを何といいますか。

(5) 下の文章は，「一票の格差」についてまとめたものです。次の①・②にあてはまる語句を，下のア～エから選びなさい。

　選挙が国民の意見を正しく反映するには，一票の価値が（　①　）であることが大切である。しかし現在，議員が当選するために必要な得票数が選挙区で異なっている。区によって議員一人当たりの（　②　）数に差があり，一票の価値に差が生じている。

　ア　平等　　イ　公正　　ウ　有権者　　エ　立候補者

(6) 記述 投票率の低下が問題となっていますが，投票の棄権は権利の放棄であることのほかに，どのような問題があるでしょうか。思

**❸ 右の図を見て，次の問いに答えなさい。** 35点

(1) 図中の①～③にあてはまる語句を書きなさい。

(2) 国会の仕事で，衆議院の優越にあてはまらないものを
次の**ア～カ**から３つ選び，記号で答えなさい。

  **ア** 予算を審議して議決する。

  **イ** 条約の承認を議決する。

  **ウ** 憲法改正を発議する。

  **エ** 法律案を議決する。

  **オ** 決算を審議する。

  **カ** 内閣の仕事を調査する。

(3) 内閣の仕事にあてはまるものを，**ア～エ**から選びなさい。

  **ア** 弾劾裁判所を設置する。

  **イ** 予算を議決する。

  **ウ** 参議院を解散する。

  **エ** 天皇の国事行為に助言や承認を与える。

第3章

教科書84～103ページ

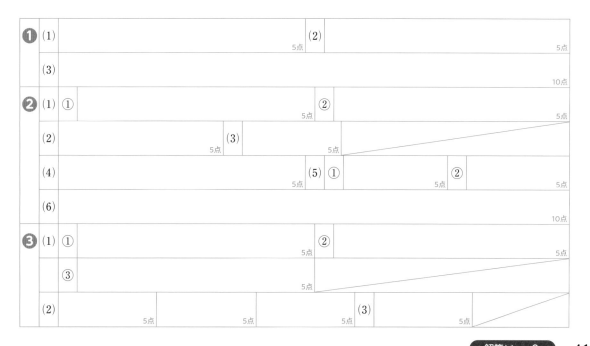

裁判官のバッジ

（　　）にあてはまる語句を答えよう。

ノートを活用して，くり返し書いて覚えよう。

## 5 人権の尊重と裁判

教科書 p.104〜105

◈**人権を守るための裁判を受ける権利**／◈**独立する司法権**

・法に基づいて，権利の回復や損害の賠償など事件や争いごと
　を解決するはたらきを**裁判（司法）**という。

　→基本的人権の一つとして**裁判を受ける権利**（第32条）を保障。

・裁判を行う権限が（　①　）権であり，（　②　）と下級裁判所（高
　等裁判所，地方裁判所，家庭裁判所，簡易裁判所）がもつ。

　→裁判は，中立かつ公正に行われる必要があるため，立法や
　　行政などの権力から独立している（**司法権の独立**）。

　→**裁判官**は心身の故障，**弾劾裁判**による罷免，（　③　）で罷免
　　とされた場合などを除き，辞めさせられることはない。

◈**裁判のしくみ**

・同じ事件について三段階で裁判を求められる（　④　）を採用。

　→第一審は地方裁判所，家庭裁判所，簡易裁判所のいずれか
　　で行われる。→判決に不服な場合は上級の裁判所に（　⑤　）
　　し，それも不服な場合，さらに上級の裁判所に（　⑥　）できる。

| ① |
|---|
| ② |
| ③ |
| ④ |
| ⑤ |
| ⑥ |

## 6 民事裁判と刑事裁判

教科書 p.106〜107

◈**民事裁判**

・金銭の貸し借りや相続など，個人と個人の間で私的なもめご
　とが起きたときに解決するのが（　⑦　）裁判。

　→訴えた側は（　⑧　），訴えられた側は（　⑨　）となり，裁判官
　　は両者の言い分などをもとに法律に基づいて判決を下す。

　→当事者同士の話し合いによる（　⑩　）（示談）や，調停などで
　　争いが解決する場合もある。→**行政裁判**もほぼ同様の手続き。

◈**刑事裁判**／◈**被疑者・被告人の権利**

・殺人などの犯罪行為について，事実を確認し，刑罰を下すの
　が（　⑪　）裁判。→**警察**は令状を得て（　⑫　）を逮捕し，検察官
　が判断して（　⑬　）する。（　⑬　）された（　⑫　）は**被告人**となり，
　裁判所が事実を確認して犯罪が証明されると刑罰を下す。

・（　⑫　）や被告人には**弁護人**（**弁護士**など）に助けを得られる権
　利が保障されている。

| ⑦ |
|---|
| ⑧ |
| ⑨ |
| ⑩ |
| ⑪ |
| ⑫ |
| ⑬ |

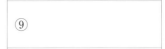

解答▶▶p.9

**1** 下の文章を読んで，次の問いに答えなさい。　教科書 p.104 ～ 105

　日本国憲法は，第76条で，（　①　）はだれの指図をうけることもなく，自分の（　②　）に従って裁判を行うよう定めている。そのために，（　①　）の身分や地位を強く保護している。

(1)　①・②にあてはまる語句を書きなさい。

(2)　裁判は他の権力から独立し，干渉(かんしょう)や圧力を受けないようになっています。これを何といいますか。

(3)　第一審の判決が不服だった場合，上級の裁判所に訴えることを何といいますか。

| (1) | ① |
|---|---|
|  | ② |
| (2) | |
| (3) | |

**2** 次の問いに答えなさい。　教科書 p.106 ～ 107

(1)　民事裁判において，訴えられた人を何といいますか。

(2)　裁判官と調停委員が間に入って争いを解決することを何といいますか。

(3)　経済的な理由などで弁護人を依頼できないとき，請求(せいきゅう)すると裁判所が紹介してくれる弁護人を何といいますか。

(4)　裁判官は，有罪の確証をもてないときは有罪の判決を出さないことになっています。この原則を何といいますか。

(5)　裁判のしくみについて正しいものを，**ア**～**エ**から選びなさい。

　　**ア**　民事裁判に関する費用は，敗訴(はいそ)した側が支払う。

　　**イ**　行政裁判は，刑事裁判とほぼ同じような手続きで行われる。

　　**ウ**　刑事裁判で，被疑者(ひぎしゃ)を起訴(きそ)するのは弁護人である。

　　**エ**　判決が確定した後に裁判のやり直しをすることは認められていない。

| (1) | |
|---|---|
| (2) | |
| (3) | |
| (4) | |
| (5) | |

書きトレ！ 三審制が設けられている意図を，簡単に書きなさい。

(　　　　　　　　　　　　　　　　　　　　　　　　　　　　　　　　　)

第
3
章

教科書104〜107ページ

ヒント　**1** (1)（　①　）は，心身の故障や弾劾裁判，国民審査による罷免以外でやめさせられることはありません。
書きトレ！ 同じ事件を三回裁判することはどういうことなのか，考えてみましょう。

国会の弾劾裁判

（　）にあてはまる語句を答えよう。

ノートを活用して，くり返し書いて覚えよう。

### 7 私たちの司法参加

教科書 p.108 ～ 109

◆**司法制度改革とは**／◆**裁判員制度**

・国民が利用しやすい司法制度の実現，国民の司法への参加，法律の専門家のあり方の改善を目的に**司法制度改革**が進む。

　→「（　①　）」の設置，裁判の期間短縮，（　②　）の実施，被害者の権利を尊重する制度の充実，法科大学院の創設など。

・2009年，国民が刑事裁判に参加する（　②　）が始まる。

　→選ばれた6名の裁判員は，3名の裁判官とともに証拠の調査や，被告人などへの質問をし，被告人が有罪か無罪かを判断する。→有罪なら（　③　）についても議論し，決定する。

　→国民ならではの感覚や視点が裁判に反映され，裁判への信頼や理解が深まることが期待される。→裁判が国民の感情や世論に流される危険性を心配する声もある。

◆**被害者参加制度**／◆**司法参加と人権**

・被害者や遺族などが法廷で直接被告人に質問したり，刑罰の重さに意見を述べたりする（　④　）が2008年から始まる。

　→これまでは傍聴人や証人としてしか参加できなかった。

・司法制度の改善に向けて，国民の司法への理解や参加とともに，弁護人の役割や裁判官の判断も重要になっている。

① _____

② _____

③ _____

④ _____

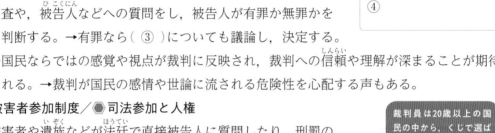

裁判員は20歳以上の国民の中から，くじで選ばれるよ。

### 8 互いに監視し合う三つの権力

教科書 p.112 ～ 113

◆**三権分立のしくみ**

・国の権力を，立法（国会），行政（内閣），司法（裁判所）の3つに分けることを（　⑤　）という。

　→互いに抑制し，均衡を保つことで国民の自由と権利を保障。

◆**違憲立法審査権**／◆**私たちの暮らしと三権**

・すべての裁判所は，法律や規則が（　⑥　）に違反していないかどうか判断する（　⑦　）権（法令審査権，違憲審査権）をもつ。

　→国民は裁判所に（　⑧　）や無効の判断を求めることが可能。

　→最高裁判所は最終的な決定権を持っているため，「（　⑨　）」とよばれている。

・私たちの権利や生活を守るために，司法による立法や行政へのチェックが重要。

⑤ _____

⑥ _____

⑦ _____

⑧ _____

⑨ _____

解答▶▶ p.10

### ① 下の文章を読んで，次の問いに答えなさい。

教科書 p.108〜109

> 裁判員制度は，20歳以上の（ ① ）から選ばれた6名の裁判員が地方裁判所で行われる（ ② ）裁判に参加する制度である。2008年からは被害者が（ ③ ）に直接質問できる被害者参加制度も始まり，（ ① ）が司法に参加する機会が増えている。

(1) 文中の①〜③にあてはまる語句を**ア〜カ**から選びなさい。

**ア** 民事　**イ** 被疑者　**ウ** 刑事　**エ** 被告人
**オ** 国民　**カ** 裁判官

(2) 全国に設けられ，国民が法的なトラブルを解決するために相談することができる窓口を何といいますか。

| | |
|---|---|
| (1) | ① |
| | ② |
| | ③ |
| (2) | |

### ② 右の図を見て，次の問いに答えなさい。

教科書 p.112〜113

(1) 図中の①〜③にあてはまる語句を書きなさい。

(2) 図のように，国の権力を3つに分け，互いに監視し，バランスを保つしくみを何といいますか。

内閣総理大臣を指名　（ ① ）　裁判官の弾劾
内閣不信任の決議　（立法権）
（衆議院）

選挙

国会の召集を決定　違憲立法審査
衆議院の解散

国民

世論　最高裁判所裁判官の国民審査

（ ② ）　行政事件に関する訴訟の終審裁判　裁判所
（行政権）　最高裁判所長官の指名　（ ③ ）
　　その他の裁判官の任命

(3) 最高裁判所は，すべての法律や行政機関の行為が，憲法に違反していないかどうかについて最終的な決定権をもっています。このため最高裁判所は何とよばれていますか。

| | |
|---|---|
| (1) | ① |
| | ② |
| | ③ |
| (2) | |
| (3) | |

---

**書きトレ!** 三権分立のねらいは何ですか，「権力の濫用」という言葉を使って簡単に書きなさい。

( )

---

**ヒント** ① (1)裁判員制度は，殺人や強盗など有罪になると重い罪が科せられる事件が対象です。

**書きトレ!** 国の権力には強制力があるため，一つの機関に権力が集中しないようになっています。

# 3 節　地方自治と住民の参加①

地方議会の議場

（　　）にあてはまる語句を答えよう。

ノートを活用して，くり返し書いて覚えよう。

## 1 地方自治ってなんだろう

教科書 p.114〜115

◉ 地域社会のいま ／◉ 民主主義は地域から

・地域社会は人々の生活の基盤（きばん）で，地域によって課題が異なる。

　→（　①　）が進む地域は，医師が少ないなど社会生活が困難。

　→（　②　）となった都市部では，待機児童の増加などが問題。

・住民が自分たちの意思と責任で地域の政治を行う（　③　）は，さまざまな住民が参加し，地域の問題の解決を目ざす。

　→「（　③　）は民主主義の（　④　）」といわれる。

◉ 国から地方へ

・国に権力が集まる**中央集権**を見直し，国から地方に権力を分ける（　⑤　）が進む。

　→1999年**地方分権一括法**により，地方が自主的に進めることができる仕事を拡大した（　⑤　）改革が進められる。

　→国と地方を「（　⑥　）・協力」の関係に転換。

| ① |
|---|
| ② |
| ③ |
| ④ |
| ⑤ |
| ⑥ |

## 2 暮らしを支える地域の行政サービス

教科書 p.116〜117

◉ 地域の政治で行うこと ／◉ 地方自治体のしくみ

・地域の政治は，**地方自治法**に基づき，都道府県と市区町村という（　⑦　）（**地方自治体**）が行う。

　→学校や保健所の運営，上下水道やごみ処理場，道路や河川（かせん）などの整備，子育て支援（しえん）や福祉（ふくし）の充実などの（　⑧　）を行う。

・（　⑨　）と**議会**(地方議会)が，（　⑦　）の仕事をになう。

　→（　⑨　）は，予算や（　⑩　）の案をつくって議会に提案する。

　→議会は予算の議決，（　⑩　）の制定や改正などを行う。

　→議会は（　⑨　）の方針に反対であれば（　⑨　）の不信任の議決が可能。（　⑨　）も議会の解散権をもつ。

・住民が情報を得られるよう,情報公開制度などがある。行政活動を調査・監視（かんし）する（　⑪　）制度を取り入れている地域もある。

◉ 地方自治と直接民主制

・直接民主制のしくみを取り入れ，住民には（　⑨　）や議員の解職，議会の解散などを求めることができる（　⑫　）権を保障。

　→（　⑬　）によって住民の意思を直接表すこともある。

| ⑦ |
|---|
| ⑧ |
| ⑨ |
| ⑩ |
| ⑪ |
| ⑫ |
| ⑬ |

解答▶▶ p.10

### ① 次の問いに答えなさい。

教科書 p.114～115

(1) 政治や行政における権力を国から地方へ分けることを何といいますか。

(2) 地域の問題を住民参加のもとで解決することから，地方自治は何の学校とよばれていますか。

(3) 地方公共団体によってつくられ，その地域だけで適用されるルールを何といいますか。

| (1) | |
|---|---|
| (2) | |
| (3) | |

### ② 次の問いに答えなさい。

教科書 p.116～117

(1) 行政サービスとしてあてはまらないものを，ア～オから選びなさい。

　ア　市役所の窓口業務　　イ　ごみの収集

　ウ　消防　　エ　郵便事業　　オ　図書館の運営

(2) 下の図は直接請求のしくみをまとめたものです。①～④にあてはまる語句を書きなさい。

| 請求の種類 | 必要な署名 | 請求先 | 請求後の取り扱い |
|---|---|---|---|
| 条例の制定または改廃の請求 | 有権者の50分の1以上 | （ ① ） | 議会を招集し，結果を報告 |
| （ ② ） | 有権者の50分の1以上 | 監査委員 | 監査を実施して，その結果を公表 |
| 議会の解散請求 | 有権者の3分の1以上 | （ ③ ） | （ ④ ）を行い，過半数の賛成があれば解散 |
| 首長・議員の解散請求（リコール） | 有権者の3分の1以上 | （ ③ ） | （ ④ ）を行い，過半数の賛成があれば解職 |

| (1) | |
|---|---|
| (2) | ① |
| | ② |
| | ③ |
| | ④ |

**書きトレ!** 地方自治体では首長と議会の一方に権力が集中しないように，それぞれどのような権利をもっていますか。簡単に書きなさい。

（　　　　　　　　　　　　　　　　　　　　　　　　　　　　　　　　　　　　　　）

ヒント　② (2)監査とは，業務などが法律や規則に則ってきちんと行われているか，第三者が検査し保証することです。直接請求権における監査では，地方公共団体の仕事全般が対象となります。

第3章　教科書114～117ページ

合併による市町村数の変化

（　）にあてはまる語句を答えよう。
ノートを活用して，くり返し書いて覚えよう。

## 3 地域の暮らしを支えるために　　　教科書 p.118〜119

◉地域経済と自主財源

・地方自治体が仕事を行うためには自主財源の確保が必要。

　→住民が納める（　①　）や，公共施設の使用料などがあるが，
　　地域間で差がある。

◉地方財政の現状

・（　①　）の収入における地域格差を減らすため，国から（　②　）
　が配分される。

　→国から受け取る依存財源だが，自由に使うことができる。

　→義務教育や福祉など特定の活動を目的とした資金である
　　（　③　）や，借金である地方債を発行することもある。

◉地方財政の課題とこれから

・「三位一体の改革」によって，（　③　）が削減し，税源が移譲されたが，高齢化の進行による
　医療や介護の仕事の増加などで財政難に苦しむ地方公共団体も多い。

　→2012年の「社会保障と税の一体改革」により，（　④　）を段階的に引き上げることで，地方
　　財源を確保する試みを行っている。

①

②

③

④

## 4 変わりゆく地域社会　　　教科書 p.120〜121

◉地域の人々の課題の解決へ

・地方分権により地方公共団体の仕事が増える一方，財源の確
　保が問題になっている。

　→（　⑤　）化と人口減少により，医療や介護などのサービスの
　　拡充など，行政や地域社会に期待する役割も変化。

　→地方自治体の規模を大きくし，仕事を効率よくできるよう
　　に2000年代には（　⑥　）が進む。→住民の声が届きにくい，
　　地域の独自性が失われる懸念もある。

◉住民参加と協働／◉これからの地域社会

・住民が地域の課題に対して，住民運動やボランティア活動な
　ど積極的に行動することもある。

　→（　⑦　）（非営利組織）などが行政と協働して取り組んでいる。

・近年は多様な言語や文化をもつ人々が増えている。

　→「地球規模で考え，地域で行動する」姿勢が大切。

⑤

⑥

⑦

2000年代の市町村合併
は「平成の大合併」と
よばれたよ。

解答▶▶ p.10

### 1 次の問いに答えなさい。
教科書 p.118～119

(1) 地域によって異なる経済状況の差を減らすために，国から地方に交付される一般財源を何といいますか。

(2) 地域の実情などに合わせ，地方公共団体が独自に課税を行うことができる制度を何といいますか。

(3) 2012年の「社会保障と税の一体改革」により，地方公共団体の財源の確保の一つとして，どの税率を段階的に引き上げることが決まりましたか。

| | |
|---|---|
| (1) | |
| (2) | |
| (3) | |

### 2 次の問いに答えなさい。
教科書 p.120～121

(1) 課題の解決を目ざし，行政と住民が対等な立場で取り組んでいくことを何といいますか。

(2) 市町村合併が進み自治体の規模が大きくなると，どのようなことが起こりますか。あてはまらないものをア～ウから選びなさい。

ア　住民の声が届きやすくなる。

イ　地域の独自性が薄れることがある。

ウ　仕事を効率良く行えるようになる。

| | |
|---|---|
| (1) | |
| (2) | |

**書きトレ！** 下の資料は，歳入に占める地方税の割合と地方交付税の割合を比較したものです。地域によって地方税の収入額に差がある理由について，簡単に書きなさい。

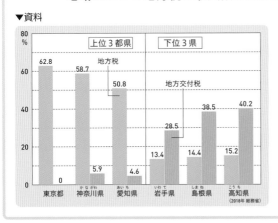

▼資料

（上位3都県：東京都 62.8 / 0，神奈川県 58.7 / 5.9，愛知県 50.8 / 4.6）（下位3県：岩手県 13.4 / 28.5，島根県 14.4 / 38.5，高知県 15.2 / 40.2）地方税・地方交付税（2018年 総務省）

**ヒント** **1** (1)一般財源とは，自由に使うことができる財源です。

**書きトレ！** 人口や大きな企業が多いほど，地方税も多く集まります。

時間
30分

合格
70点
／100点

## ❶ 右の図を見て，次の問いに答えなさい。

35点

(1) 図のA，Bにあてはまる裁判所をそれぞれ書きなさい。

(2) 図の ➡ の矢印と ➡ の矢印が表しているものを，次のア〜エからそれぞれ選びなさい。

ア 起訴(きそ)　イ 上告(じょうこく)
ウ 控訴(こうそ)　エ 提訴(ていそ)

**よく出る**

(3) 図のように，裁判の判決に不服な場合に，三段階まで裁判を求めることができるしくみを何といいますか。

(4) 記述 (3)のようなしくみが設けられている理由を簡単に書きなさい。[思]

### 民事裁判
B
抗告
A
抗告
地方裁判所　家庭裁判所
簡易裁判所

### 刑事裁判
B
抗告
A
抗告
地方裁判所　家庭裁判所
簡易裁判所

## ❷ 下の文章を読んで，次の問いに答えなさい。

30点

a個人と個人の間で，お金の貸し借りや相続などのトラブルが起きたり，b窃盗(せっとう)や殺人などの犯罪(はんざい)が発生したりすることがある。これらの問題を個人で解決しようとすると混乱が起こるため，国の正式な機関である裁判所が法律に基づいて争いを解決する。この働きをc裁判という。

(1) 下線部aについて，次の問いに答えなさい。

① 下線部aのように個人間で私的な争いが起きたときに行われる裁判を何といいますか。

② ①の裁判では，訴えられた側を何といいますか。

(2) 下線部bについて，次の問いに答えなさい。

① 警察が令状を得て逮捕(たいほ)した，犯罪の疑いのある者を何といいますか。

② ①を調査し，裁判所に起訴する人を何といいますか。

(3) 下線部cについて，次の問いに答えなさい。

① 2009年から始まった，国民が刑事事件の裁判に参加する制度を何といいますか。

② ①の制度について，あてはまらないものをア〜エから選びなさい。[技]

ア 警察官や国会議員は，裁判員にはなれない。

イ 学生や生徒でも，裁判員に選ばれたら辞退することはできない。

ウ 裁判員は，公判前整理手続(てつづき)で整理された証拠(しょうこ)や争点などをもとに判断する。

エ 裁判員の精神的な負担が問題となっている。

**❸ 次の問いに答えなさい。** 15点

(1) 最高裁判所の裁判官を罷免（ひめん）するかどうか，国民の投票で決める審査を何といいますか。ア〜エから選びなさい。

    ア　弾劾（だんがい）裁判　　イ　国民投票　　ウ　国民審査　　エ　被害者参加制度

(2) 日本国憲法第81条で，「最高裁判所は，一切の法律，命令，規則又は処分が憲法に適合するかしないかを決定する権限を有する終審（しゅうしん）裁判所である。」と定めています。この権限を何といいますか。

(3) 内閣の仕事にあてはまるものを，ア〜エから選びなさい。

    ア　下級裁判所の裁判官の指名　　イ　高等裁判所の長官の指名

    ウ　裁判官の弾劾（だんがい）裁判　　　　エ　最高裁判所の長官の指名

**❹ 下の文章を読んで，次の問いに答えなさい。** 20点

> 　地方自治では，首長や議員を住民が直接（　①　）で選出するほかに，議会の解散や条例の制定を求める直接請求権や（　②　）投票などの権利が保障されている。

(1) ①・②にあてはまる語句をア〜エからそれぞれ選びなさい。

    ア　選挙　　イ　オンブズマン　　ウ　住民　　エ　国民

(2) 記述 少子高齢化は地方公共団体の財政にどんな影響を与えていますか，簡単に書きなさい。思

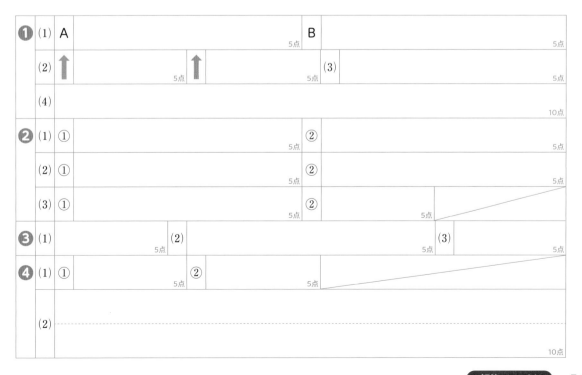

第4章　私たちの暮らしと経済

# 1節　消費生活と経済活動

（　）にあてはまる語句を答えよう。

ノートを活用して，くり返し書いて覚えよう。

## 1 家計ってなんだろう

教科書 p.130 〜 131

◉家計と所得／◉消費と貯蓄／◉さまざまな支払いの手段

・お金を支払うことで必要なものを買うことを（ ① ），収入から必要な経費などを差し引いたものを**所得**という。

→形のある商品である**財**や，形のない商品である（ ② ）を購入している。→このように家庭が営む経済活動が（ ③ ）。

・所得を何に（ ① ）するか，適切に**選択**しなくてはならない。

→将来に備えて所得を貯めることを（ ④ ）という。→銀行預金，株式や債券の購入，保険に入ることも（ ④ ）の一種。

・支払い方法には，現金，クレジットカード，**電子マネー**がある。

| ① |
|---|
| ② |
| ③ |
| ④ |

## 2 消費者を守るもの，支えるもの

教科書 p.132 〜 133

◉経済活動を支えるもの／◉消費者を守る制度／◉契約を結ぶ意味

・経済は，**分業**と**交換**で成り立っている。

→交換はお互いの**信用**に基づいて行われる。→消費者が安心して購入できるように法や制度が整備されている。

・1968年**消費者保護基本法**制定→2004年（ ⑤ ）法に改正。

・1995年（ ⑥ ）法（**PL法**）が施行。消費者が欠陥商品で被害を受けた場合，過失を証明できなくても損害賠償を受けられる。

・（ ⑦ ）制度により，期間内であれば契約を解除できる。

・2001年**消費者契約法**により，不適切な勧誘があった場合，契約の取り消しが可能になる。

・多くの場合，交換は**契約**を通じて行われる。

→その商品が必要かどうか考え，安易に契約を結ばない。

| ⑤ |
|---|
| ⑥ |
| ⑦ |

## 3 生産と消費を結ぶ

教科書 p.134 〜 135

◉流通業の役割／◉商品と情報の流通／◉変わってきた流通と消費

・消費者と生産者をつなぐのが**流通業**である。

→財を直接消費者に販売する（ ⑧ ），生産者と（ ⑧ ）をつなぐ**卸売業**があり，この二つを合わせて（ ⑨ ）という。

→流通業は，財だけでなく情報の流通も行っている。

・（ ⑩ ）の普及により，流通も変化している。

→消費者が生産者から直接購入し，ネット決済で支払う。

→包装紙の過剰な使用や地域経済への影響も考える必要がある。

| ⑧ |
|---|
| ⑨ |
| ⑩ |

解答▶▶ p.12

第4章　私たちの暮らしと経済

# 1節　消費生活と経済活動

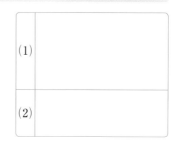

**1** 下の文章を読んで，次の問いに答えなさい。。 教科書 p.130～131

収入のうち必要な経費などを差し引いたものが（ ① ）である。その（ ① ）から（ ② ）や社会保険料などを差し引いたものが，私たちの自由に使えるお金である。お金を財やサービスの購入に使うことを（ ③ ），預貯金などを貯蓄という。

(1) ①～③にあてはまる語句を書きなさい。

| (1) | ① | |
|---|---|---|
| | ② | |
| | ③ | |

**2** 次の問いに答えなさい。 教科書 p.132～133

(1) 消費者の保護と，自立的な消費活動のために2004年に制定された法律を何といいますか。

(2) 訪問販売などによって商品を購入した際，一定期間内であれば，商品を返品したり，会員契約などを解除したりできる制度を何といいますか。

| (1) | |
|---|---|
| (2) | |

**3** 次の問いに答えなさい。 教科書 p.134～135

(1) 小売店の多くで，商品のバーコードをレジで読み取り，価格の計算とともに情報を本部のコンピュータに送るシステムを何といいますか。

(2) 小売業にあてはまらないものを次のア～エから選びなさい。

ア　百貨店　　イ　本屋　　ウ　問屋　　エ　八百屋

| (1) | |
|---|---|
| (2) | |

書きトレ！ **クレジットカードのしくみを簡単に書きなさい。**

( )

ヒント **2**(1)消費者保護基本法が改正されたものです。

書きトレ！クレジットカードを使うと，手元に現金がなくても商品を買うことができます。

ぴたトレ
1
要点チェック

第4章　私たちの暮らしと経済

2節　企業の生産のしくみと労働①

生産の要素

労働力

資本　　　　土地

（　　）にあてはまる語句を答えよう。

ノートを活用して，くり返し書いて覚えよう。

## 1 生産活動をになう主体

教科書 p.136〜137

◈ 生産とはなんだろう／◈ 起業すること／◈ 企業と生産の要素

・労働を通じて，財やサービスを作る活動を**生産**という。

・主に**企業**が行い，企業を立ち上げることを（　①　）という。

　→企業を始めるためには，資金や機械などの（　②　），工場や

　　店を建てるための**土地**，実際に作業をする（　③　）が必要。

◈ 資本主義経済のしくみ

・売上から賃金などを差し引いた残りが企業の**利益**(**利潤**)であ

　り，企業や個人の利益を目的とした経済のあり方が（　④　）。

　→技術革新をもたらす一方，過酷な労働環境などが問題化。

| ① |
| --- |
| ② |
| ③ |
| ④ |

## 2 さまざまな企業

教科書 p.138〜139

◈ 企業のさまざまな種類／◈ 公企業の役割とは

・**私企業**…個人や民間団体などが利益を上げるためにつくる。

　→飲食店や作家などの（　⑤　），合同会社や**株式会社**などの

　　（　⑥　），生活協同組合などの**組合企業**など。

・（　⑦　）…国や地方公共団体が，社会全体のために運営。

　→**造幣局**などの（　⑧　），公営住宅，県立・市立病院など。

◈ 大企業と中小企業

・日本には少人数・小規模で営む**中小企業**が多い。

　→工業製品の部品などをつくる製造業は日本経済の基礎を支え，その技術は世界的に評価。

| ⑤ |
| --- |
| ⑥ |
| ⑦ |
| ⑧ |

## 3 株式会社ってなんだろう

教科書 p.140〜141

◈ 株式会社とは／◈ 株式会社を経営すること

・株式会社は資本金を少額の（　⑨　）に分け，出資者を集める。

　→（　⑨　）を買った人は（　⑩　）となる。

・経営は，（　⑪　）で選ばれた専門の経営者(**取締役**)が行う。

　→利益は会社に残す分を除いて（　⑩　）に配当として分配。

　→出資者は，配当額などを参考に，**投資**する会社を決める。

◈ 株式会社の情報を知ること

・会社を評価するには**会計**情報が重要であり，株式会社は貸借

　対照表，損益計算書などの財務諸表を公開する。

　→（　⑫　）(**CSR**)なども投資を決めるポイントになる。

| ⑨ |
| --- |
| ⑩ |
| ⑪ |
| ⑫ |

解答▶▶ p.12

### ① 次の問いに答えなさい。
教科書 p.136〜137

(1) 企業が利益を出すことを目的に生産活動を行うような，経済のあり方を何といいますか。

(2) 生産の要素に含まれることがある，特許や独自の技術・知識などを何といいますか。

| | |
|---|---|
| (1) | |
| (2) | |

### ② 次の問いに答えなさい。
教科書 p.138〜139

(1) 私企業にあてはまるものを，ア〜エから選びなさい。
　　ア　個人の開業医　　イ　国立科学博物館
　　ウ　県立病院　　　　エ　都市ガス

(2) 農業協同組合などのように，利益の追求ではなく，組合員の相互扶助を目的とした私企業を何といいますか。

| | |
|---|---|
| (1) | |
| (2) | |

### ③ 下の図を見て，次の問いに答えなさい。
教科書 p.140〜141

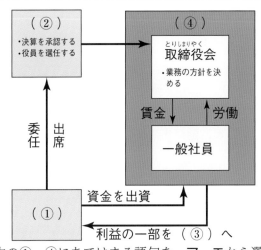

| (1) | ① |
|---|---|
| | ② |
| | ③ |
| | ④ |

(1) 図中の①〜④にあてはまる語句を，ア〜エから選びなさい。
　　ア　株式会社　　イ　株主　　ウ　株主総会　　エ　配当

**書きトレ！** 株式会社が倒産した場合に株主が負う有限責任制とはどのような制度ですか。簡単に書きなさい。

(　　　　　　　　　　　　　　　　　　　　　　　　　　　　　　　　)

ヒント　② (2)漁業協同組合や生活協同組合もこれにあてはまります。
書きトレ！合名会社などの無限責任制は，株主が会社の負債もすべて負わなければなりません。

第4章　教科書136〜141ページ

| 労働三法 | |
|---|---|
| 労働三法 | 労働基準法 |
| | 労働組合法 |
| | 労働関係調整法 |

（　）にあてはまる語句を答えよう。

ノートを活用して，くり返し書いて覚えよう。

### 4 働くということ

教科書 p.142〜143

◆働くことと契約

・**労働**には人によってさまざまな意味があり，労働者の責任と
　権利を理解することは，社会に参加するための第一歩となる。

　→企業で働くときは企業と（　①　）を結ぶ。→労働者と企業は
　　（　①　）を守らなくてはならない。

◆労働者の権利を守る法／◆安心して働くために

・働くうえでの重要な条件は（　②　）法で定められている。

　→正社員だけでなく，アルバイトなど（　③　）にも適用される。

　→労働基準を企業が守っているかどうか（　④　）が監督。

・労働者が**労働組合**をつくり企業と交渉する権利が（　⑤　）法で
　認められている。

　→交渉がまとまらなかった場合，（　⑥　）法により，専門の機
　　関に調整を求められることが定められている。

| |
|---|
| ① |
| ② |
| ③ |
| ④ |
| ⑤ |
| ⑥ |

### 5 安心して働ける社会

教科書 p.144〜145

◆働く環境の変化

・日本では，同じ企業で定年まで働く（　⑦　）と，勤続年数に応
　じて賃金が上がる（　⑧　）が一般的だった。

　→制度の見直しや，仕事の成果に合わせて賃金を決める
　　（　⑨　）を採用する企業が増加している。

◆働き方をめぐって

・（　③　）と正社員の間に経済的**格差**が広がっている。

　→仕事があるのに貧困状態になるワーキング・プア問題など。

・長時間労働などで心身の健康を損なう正社員も多い。

　→生活と仕事を両立させる（　⑩　）の実現が重要。

| |
|---|
| ⑦ |
| ⑧ |
| ⑨ |
| ⑩ |

◆外国人労働者・働く女性の問題／◆希望をもって働くために

・グローバル化を背景に，**外国人労働者**が増加している。

　→悪質な労働条件もあり，労働環境の整備が必要。

・女性が出産・育児を経ても，働きやすい環境を整える。

・**技術革新**や新しい経営により，障がいのある人の雇用も増加。

　→人々が希望をもって働ける社会を築く必要がある。

残業に適切な賃金が払
われないサービス残業
も問題になってるよ

解答▶▶ p.12

### 1 下の表を見て，次の問いに答えなさい。

教科書 p.142～143

| 労働基準法の内容 | |
| --- | --- |
| 労働条件 | 労働者と使用者が（ ① ）な立場で決定 |
| 賃金 | 男女（ ② ）賃金の原則 |
| 労働時間 | 1日（ ③ ）時間，1週間で40時間以内 |
| 休日 | 毎週少なくとも（ ④ ）日 |
| 最低年齢 | （ ⑤ ）歳未満の児童の雇用禁止 |

(1) ①～⑤にあてはまる語句や数字を，ア～クから選びなさい。

　　ア　同一　　イ　15　　ウ　18　　エ　対等

　　オ　8　　カ　1　　キ　差別　　ク　2

(2) 労働三法のうち，憲法28条で保障されている労働三権を具体的に保障した法律を何といいますか。

| (1) | ① | |
| --- | --- | --- |
| | ② | |
| | ③ | |
| | ④ | |
| | ⑤ | |
| (2) | | |

### 2 次の問いに答えなさい。

教科書 p.144～145

(1) 定年まで同じ企業に勤めるしくみを何といいますか。

(2) 非正規労働者のうち，雇われている会社から別の会社に派遣され，その派遣された会社で働く人を何といいますか。

(3) 仕事と家庭生活を両立させ，人間らしく働くための取りくみを何といいますか。

| (1) | |
| --- | --- |
| (2) | |
| (3) | |

---

書きトレ! 非正規労働者として働く長所と短所を，「経済的格差」という言葉を使って書きなさい。

（ 　　　　　　　　　　　　　　　　　　　　　　　 ）

---

ヒント　**1** (2)労働三権は，団結権・団体交渉権・団体行動権のことです。

書きトレ! 非正規労働者とは，働く時間が短いパートタイム労働者，アルバイト，派遣社員などのことです。

# 第4章 私たちの暮らしと経済①

時間 30分 ／100点

合格 70点

**❶ 右の資料を見て，次の問いに答えなさい。** 35点

(1) 資料は，訪問販売などで購入した商品を返品する際に通知する文書の見本です。一定期間内であれば理由に関係なく契約を解除できる制度を何といいますか。

(2) 業者側が事実と違うことを言って消費者に商品を売った場合，消費者が業者と結んだ契約を無効にできる法律を何といいますか。

(3) 売り手と買い手の間で結ばれる契約の説明について，正しいものには○を，間違っているものには×をつけましょう。

ア　契約は，口頭では認められない。

イ　自動販売機でジュースを購入することは「契約」である。

ウ　スマートフォンを使い，商品をネット注文することは「契約」である。

(4) 記述 インターネットの普及で流通業が発展し，便利になった点を一つ書きなさい。思

資料

通知書

私は、令和○○年○月○日に、貴社のセールスマン○
○○氏にすすめられて、左記の契約をしましたが、都
合により解約します。支払済の金○○○円をただちに返
金してください。

記

一、商品名　　　　　○○○○
二、代金　金○○○○円
（契約書番号　　○○○○）

令和○○年○月○日

住所　○○○○
氏名　○○○○　印

宛先住所　○○○○
　　　○○○○株式会社
代表取締役　○○○○　殿

内容証明書用紙

**❷ 右の図を見て，次の問いに答えなさい。** 40点

よく出る

(1) 図中の①～⑥にあてはまる語句を，次のア～カから選びなさい。

ア　株式　　イ　株式会社
ウ　株主　　エ　株主総会
オ　配当　　カ　利益

(2) 株式会社が倒産した場合，出資者は出資金を失いますが，会社の借金などを返す義務は負わない制度を何といいますか。

(3) 利益を負うだけでなく，教育や環境保全など，社会の一員として企業が果たすべき社会的責任をアルファベット3文字で何といいますか。

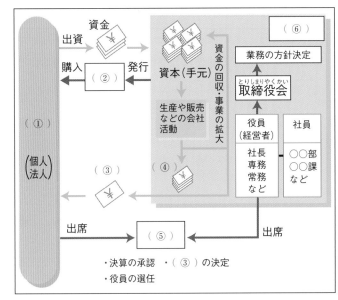

成績評価の観点　技…資料活用の技能　思…社会的な思考・判断・表現

**❸ 下の文章を読んで，次の問いに答えなさい。** 10点

> 労働者が企業で働くうえで，賃金や労働時間など重要な条件は<u>法律</u>で細かく決められており，すべての企業が守らなくてはならない。この法律は，すべての労働者に適用される。

(1) 労働条件を定めた下線部の法律を何といいますか。

(2) (1)で定められた内容について，<u>間違っているもの</u>を**ア〜エ**から選びなさい。

　　**ア** 毎週，少なくとも1日は休日とする。

　　**イ** 男女同一の賃金を原則とする。

　　**ウ** 18歳未満の雇用は禁止する。

　　**エ** 女性は産前6週間，産後8週間の休業を保障する。

**❹ 右のグラフを見て，次の問いに答えなさい。** 15点

(1) 右のグラフは男女でみた雇用形態別の割合を表したものです。「その他」を除いた，Aの非正規労働者の割合は何％ですか。
〔技〕

(2) 〔記述〕Aの方が，正社員が少ない理由を，「出産・育児」という観点から書きなさい。
〔思〕

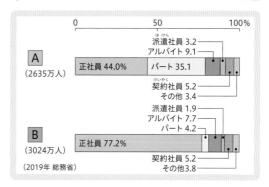

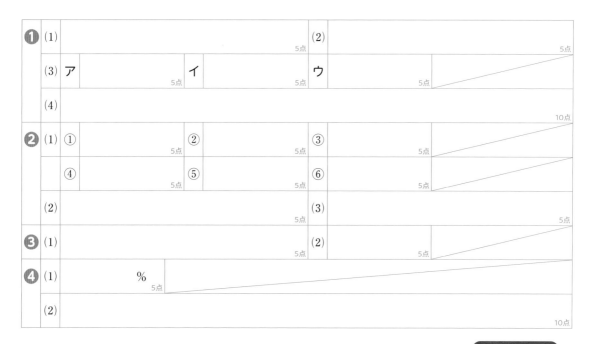

# 3節　市場のしくみとはたらき

| 価格の内訳 | |
| --- | --- |
| 生産者価格 | 原材料費，労働者の賃金など |
| 卸売価格 | 卸売業者の利益と経費 |
| 小売価格 | 小売店の利益と経費 |

（　）にあてはまる語句を答えよう。

ノートを活用して，くり返し書いて覚えよう。

## **1** ものの価格の決まり方

教科書 p.148〜149

◉**価格とそのはたらき**／◉**需要と供給**

・財やサービスを売り買いするときには**価格**が必要である。

→工業製品には価格や取引量（とりひき）を決める市場（いちば）はないが，市場と同じようなはたらきが作用して，価格などが決まる。

・消費者は価格が（　①　）なるとたくさん買おうとする。

→**需要曲線**（じゅよう）

・企業は価格が（　②　）なるとたくさん売ろうとする。

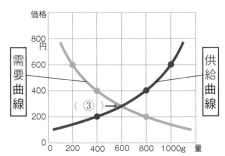

→**供給曲線**

→**需要量**と**供給量**が一致（いっち）してつり合いのとれた価格が（　③　）。

◉**市場メカニズム**

・**市場メカニズム**によって，**市場価格**は（　③　）に導かれる。

→市場中心で営まれる経済を（　④　）といい，市場メカニズムの（　⑤　）によって生産の過不足を防いでいる。

| ① |
| --- |
| ② |
| ③ |
| ④ |
| ⑤ |

企業は売れ残りが多いと価格を下げるよ。そうすることで，売れ残りを出さないようにしているよ。

## **2** 価格のもつ意味

教科書 p.150〜151

◉**市場が機能する条件**／◉**公正な取り引きのために**

・企業（きぎょう）どうしで**競争**することで，（　③　）を実現している。

→企業が競争を避けようと話し合いで価格を決めたりすると，市場の効率性が損なわれる。

・企業が話し合いで競争を避けるような行為は（　⑥　）法によって禁止されている。

→（　⑥　）法は（　⑦　）によって運用されている。

・消費者が財やサービスの価値を正しく評価できるように，消費者基本法や消費者契約法が定められている。

◉**市場と公平性**

・電気やガス，水道などは市場メカニズムに委ねず，政府などが（　⑧　）として価格を管理している。

| ⑥ |
| --- |
| ⑦ |
| ⑧ |

解答▶▶ p.13

**①** **下のグラフを見て，次の問いに答えなさい。** 教科書 p.148 〜 149

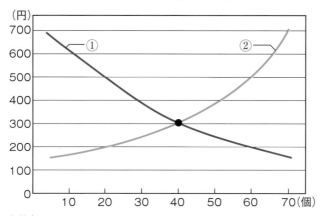

| (1) | ① | |
|---|---|---|
| | ② | |
| (2) | 値段： | |
| | 個数： | |

(1) 縦軸は商品の価格，横軸は取引量を示しています。上のグラフの①・②にあてはまる語句をそれぞれ書きなさい。

(2) 上のグラフで，均衡価格となったときの値段と個数をそれぞれ書きなさい。

**②** **下の文章を読んで，次の問いに答えなさい。** 教科書 p.150 〜 151

　市場経済では，一つの企業が市場を支配することもある。この場合，価格を企業が一方的に決めるので高くなる傾向がある。（　①　）の利益を損なわないよう，国は（　②　）委員会を設置し，企業の監視などをしている。

(1) 文中の①・②にあてはまる語句を書きなさい。

(2) 下線部のような状態で決められた価格を何といいますか。

| (1) | ① | |
|---|---|---|
| | ② | |
| (2) | | |

**書きトレ!** 水道や電気，ガスなどが市場メカニズムに委ねられていないのはなぜですか。簡単に書きなさい。

（　　　　　　　　　　　　　　　　　　　　　　　　　　　　　　）

ヒント **①** (2)需要量と供給量が一致した価格が，均衡価格です。
**書きトレ!** 市場メカニズムに委ねると，価格が高くなった場合，所得の低い人の生活に影響が出ます。

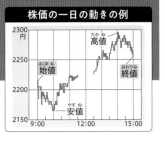

**株価の一日の動きの例**

（　　）にあてはまる語句を答えよう。
ノートを活用して，くり返し書いて覚えよう。

## 1 金融のしくみと中央銀行

教科書 p.152〜153

◉**金融とは**／◉**銀行の役割**／◉**中央銀行の役割**

・**金融**は，お金に余裕のあるところと，お金を必要としている
　ところを結び，お金の貸し借りを成立させる役割をもつ。

・金融は，**銀行**，信用金庫，保険会社などの**金融機関**が行う。
　→銀行は家計などからの（　①　）をもとに，お金を必要とする
　　企業などに（　②　）する。（　①　）者には**利子（利息）**を払う。

・銀行は，口座振り込み，口座振替などの（　③　）機能を行う。
　→新しい金融テクノロジー（フィンテック）が登場している。

・各国には**中央銀行**があり，日本の中央銀行は（　④　）である。
　→紙幣を発行できる（（　⑤　））。市中銀行に融資できる（**銀行
　の銀行**）。税金など政府の資金を取り扱う（**政府の銀行**）。

| |
|---|
| ① |
| ② |
| ③ |
| ④ |
| ⑤ |

## 2 間接金融と直接金融

教科書 p.154〜155

◉**間接金融と直接金融のしくみ**

・**間接金融**…銀行など金融機関を通して間接的にお金を貸す。

・**直接金融**…証券市場を通して，企業が家計や企業から直接資
　金を調達する。→代表的なものに株式がある。

◉**株式と株式市場**／◉**投資と投機の目的**

・株式は（　⑥　）で売買し，（　⑦　）は需要と供給で決まる。

・利ざやだけを目的に株式を売買することを（　⑧　）という。

| |
|---|
| ⑥ |
| ⑦ |
| ⑧ |

## 3 財政が果たす三つの役割

教科書 p.156〜157

◉**財政とはなんだろう**／◉**資源配分**／◉**所得の再分配**

・税金を集め，政策にあてる政府の経済活動を**財政**という。

・政府は税金をもとに道路や公園などの**社会資本**や，警察・消
　防などの**公共サービス**を供給する。→財政による（　⑨　）

・極端な所得格差を調整するため，社会保障制度や，所得の高
　い人ほど税金を多く負担する制度がある。→所得の（　⑩　）

◉**経済の安定化**

・市場経済は**好況（好景気）**と**不況（不景気）**を繰り返す（（　⑪　））。
　→政府は日本銀行の金融政策とともに，**財政政策**によって景
　　気の浮き沈みを減らす。→経済の（　⑫　）

| |
|---|
| ⑨ |
| ⑩ |
| ⑪ |
| ⑫ |

解答▶▶ p.14

**1** 次の問いに答えなさい。　　　　　　　　　　　　教科書 p.152 〜 153

(1) 銀行などの金融機関が，お金を必要とする企業や家計に資金を貸し出すことを何といいますか。

(2) 私たちがお金を借りることができるのは市中銀行と日本銀行のどちらですか。

| (1) | |
|---|---|
| (2) | |

**2** 下の文章を読んで，次の問いに答えなさい。　　　　教科書 p.154 〜 155

> 　株式会社にとって，株式は（　①　）の一部である。株式を買うことは一般的には（　②　）というが，株式の売買による利ざやの獲得を目的としている場合は（　③　）とよばれ，行き過ぎた（　③　）は株式市場の機能を損なう可能性がある。

(1) 文中の①〜③にあてはまる語句を書きなさい。

(2) 株式の価格を何といいますか。

| (1) | ① |
|---|---|
| | ② |
| | ③ |
| (2) | |

**3** 次の問いに答えなさい。　　　　　　　　　　　　教科書 p.156 〜 157

(1) 財政において，民間企業だけでは十分に供給することが難しいサービスを，政府が税金を使って提供することを何といいますか。その具体例も一つ書きなさい。

(2) 景気循環による景気の浮き沈みを調節するために，政府が行う財政活動の政策を何といいますか。

| (1) | |
|---|---|
| | 具体例 |
| (2) | |

書きトレ！ 日本銀行の役割のうち，「発券銀行」について，簡単に書きなさい。

(　　　　　　　　　　　　　　　　　　　　　　　　　　　　　)

ヒント　❶ (2)市中銀行とは，私たちが普段預金をしたりする一般の銀行のことです。
　　　　❷ (1)株価が安い時に買って，高い時に売るときに得られる差額を利ざやといいます。

解答▶▶ p.14　　63

# 4節　金融のしくみと財政の役割②

景気循環

好況 （後退）（回復）不況

( )にあてはまる語句を答えよう。
ノートを活用して，くり返し書いて覚えよう。

## 4 税金を納めること

教科書 p.158〜159

◉私たちの暮らしと税金

・**税金**(**租税**)は財政の中心的な資金源(**財源**)となる。

→中央政府の財源になる( ① )…所得税，法人税など。

→地方政府の財源になる( ② )…住民税，固定資産税など。

◉**直接税と間接税**／◉**租税の効率性と公平性**

・税金を納める人と実際に負担する人が( ③ )である**直接税**と，異なる**間接税**がある。

・所得税には**累進課税**制度を適用し，高所得者の税負担を多くし，低所得者の税負担を軽くしている。

→**消費税**は，低所得者の税負担の割合が高い**逆進性**が生じる。

①

②

③

## 5 税金の行方と国の借金

教科書 p.160〜161

◉歳入と歳出／◉国と地方の財政／◉財政赤字

・政府は**予算**を立てて必要な政策を行う。

→一年間の収入である( ④ )は税金が中心。一年間の支出にあたる( ⑤ )は高齢化社会に伴い，社会保障関係費が多い。

・地方政府も独自の予算を立てており，国から配分される( ⑥ )，地方譲与税，**国庫支出金**が国から地方に移される。

・( ④ )が不足すると，政府は国民から借金をして不足を補う。

→国の( ⑦ )，地方の**地方債**を合わせて**公債**という。→国は深刻な財政赤字であり，財政構造の見直しを進めている。

④

⑤

⑥

⑦

## 6 経済政策が目ざすもの

教科書 p.162〜163

◉GDPと経済成長／◉インフレとデフレ／◉経済政策の意味

・一年間に生み出された財やサービスの価値(付加価値)の合計である( ⑧ )(GDP)が年々大きくなることを( ⑨ )という。

・安定した( ⑨ )では，**好況**になる。

→行き過ぎると，物価が上がり続ける(( ⑩ )(インフレ))。

・( ⑨ )がマイナスになると，**失業者**が増え，**不況**になる。

→物価が下がり続ける(デフレーション(デフレ))。

・インフレの場合，中央銀行は国債を売って通貨を回収する( ⑪ )などの**金融政策**を行う。→政府の**財政政策**(不況時の減税など)と組み合わせた**経済政策**で経済の安定化を図る。

⑧

⑨

⑩

⑪

**1 次の問いに答えなさい**　　教科書 p.158～159

(1)　税金を負担する人と，実際に納める人が違う税金を何といいますか。

(2)　国に納める主な直接税を一つ書きなさい。

| (1) | |
|---|---|
| (2) | |

**2 下の文章を読んで，次の問いに答えなさい。**　　教科書 p.160～161

　政府の収入は（　①　）といい，これが不足すると公債を発行して補う。公債には国が発行する（　②　）と，地方が発行する（　③　）があるが，これらは民間からの借金である。財政構造の見直しを進め，支出にあたる（　④　）を減らす必要がある。

(1)　文中の①～④にあてはまる語句を書きなさい。

(2)　下線部について，特定の目的のための政府の予算を何といいますか。

| (1) | ① | |
|---|---|---|
| | ② | |
| | ③ | |
| | ④ | |
| (2) | | |

**3 次の問いに答えなさい。**　　教科書 p.162～163

(1)　2万円の費用をかけてつくった財が3万円で売れた場合，この財の付加価値はいくらですか。

(2)　(1)で出たような付加価値を国内全体で合計したものを，アルファベット3文字で何といいますか。

| (1) | |
|---|---|
| (2) | |

**書きトレ!** 消費税の長所と短所を，「同じ税率」という言葉を使って簡単に書きなさい。

（　　　　　　　　　　　　　　　　　　　　　　　　　　　）

―――――――――――――

**ヒント**　**書きトレ!** 消費税は所得が高い人も低い人も同じ税率です。所得に占める税負担の割合が高いのはどちらか考えてみましょう。

第4章

教科書158～163ページ

ぴたトレ
3
確認テスト

第4章
私たちの暮らしと経済②

時間
30分
／100点

合格
70点

**1** 右の図を見て，次の問いに答えなさい。 25点

(1) 需要と供給が一致したAの価格を何といいますか。

(2) 大型連休になると，観光地のホテルの宿泊費が高くなることを示したグラフは①・②のどちらですか，選びなさい。 技

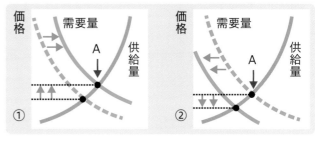

(3) 企業どうしが話し合いで競争を避けるというような不正を，監視する役目をになっている機関を何といいますか。

 (4) 記述 電気，ガス，水道などが市場メカニズムに適さない理由を簡単に書きなさい。 思

**2** 下の文章を読んで，次の問いに答えなさい。 25点

私たちが ₐ直接金融を行うにあたって，最も身近な存在は銀行である。しかし，一般の銀行と，日本の ♭中心銀行である日本銀行のはたらきは同じではない。 ᵪ日本銀行券を発行し，政府の資金を取り扱うことから，政府の銀行とよばれる日本銀行は，日本の経済状態を安定化させる役目をもつ，特別な銀行なのである。

(1) 文中の下線部a～cの語句のうち，正しいものには〇をつけ，間違っているものは正しい語句に直しなさい。

(2) 家計や企業が銀行から借りた資金のことを何といいますか。

(3) 株式の売買の仲立ちや，会社の株式発行をサポートする金融機関を何といいますか。

**3** 下の文章を読んで，次の問いに答えなさい。 20点

政府や地方公共団体は， ₐ国民から税金などの収入を得て，そのお金で ♭道路や建物をつくったり，教育や社会保障などに支出したりして国民生活に役立てている。しかし，その年度の財政活動に必要な歳入が不足する場合， ᵪそれを補うために民間から借金をすることがある。

 (1) 記述 下線部aについて，所得税に累進課税制度が適用されている意図は何ですか。「所得の差」「公共サービス」「所得の再分配」という言葉を使って，簡単に書きなさい。 思

(2) 下線部bについて，財政の役割の一つとして，民間企業だけでは十分に供給できない社会資本や公共サービスを，政府が供給することを何といいますか。

(3) 下線部cについて，こうした借金のうち，国が発行するものを何といいますか。

❹ 右の図を見て，次の問いに答えなさい。。

(1) インフレーション(インフレ)が起こりやすい経済状況は，図の①と②のどちらですか。技

(2) 国の財政政策について，政府が減税を行った場合，そのときの経済状況は図の①と②のどちらだと考えられますか。技

(3) 経済の安定化を図るために，日本銀行が行う政策を何といいますか。

(4) 記述 経済成長率とは何か，簡単に書きなさい。思

(5) 経済の安定化を目ざした経済政策について正しいものを，ア～エから選びなさい。

　ア　行き過ぎた景気を抑えるために，公共事業を増やす。

　イ　経済政策は日本銀行が単独で行うものである。

　ウ　経済状態としては不況が望ましいので，なるべくこの状態を維持できるようにする。

　エ　インフレが起こると，中央銀行は国債を売って，社会に流通している通貨を回収することで，企業の生産や人々の消費を抑える。

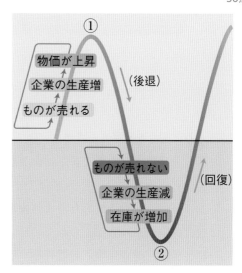

① 物価が上昇 ← 企業の生産増 ← ものが売れる （後退）

ものが売れない → 企業の生産減 → 在庫が増加 （回復）

②

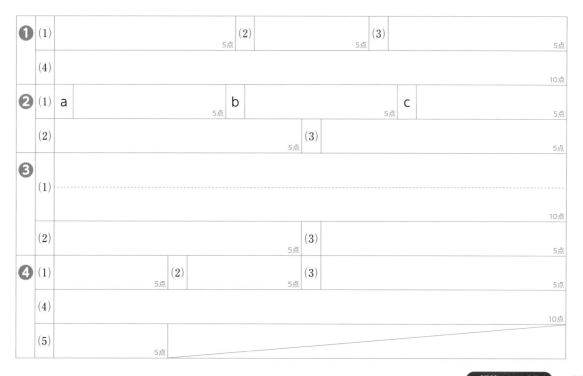

❶ (1) ［5点］ (2) ［5点］ (3) ［5点］

(4) ［10点］

❷ (1) a ［5点］ b ［5点］ c ［5点］

(2) ［5点］ (3) ［5点］

❸ (1) ［10点］

(2) ［5点］ (3) ［5点］

❹ (1) ［5点］ (2) ［5点］ (3) ［5点］

(4) ［10点］

(5) ［5点］

第5章　安心して豊かに暮らせる社会

# 1節　暮らしを支える社会保障①

**健康保険証**

| 健康保険 | ○○健康保険証 | | 平成 | 00012345 |
| 被保険者証 | | | | 12345 |
| 氏　名 | 健康　花子 | | | |

（　）にあてはまる語句を答えよう。

ノートを活用して，くり返し書いて覚えよう。

## 1 身のまわりの社会保障制度

教科書 p.170〜171

◎暮らしの安心を確保するために／◎暮らしの中の社会保障制度

・失業，突然の病気やけがなどにより収入がなくなることがある。→（　①　）により，社会全体で生活をお互いに支え合う。

・（　①　）には，状況に応じたさまざまな制度があり，これらには社会保険料や税金が使われている。

　→年金保険，健康保険，介護保険，労災保険，生活保護，児童福祉，障がい者福祉サービスなど。

◎高齢化と社会保障制度

・年金保険，医療保険，介護保険は（　②　）に多く利用される。
　→高齢化により，保険料や税金がさらに必要になっている。

| ① |
|---|
| ② |

## 2 互いに助け合う社会

教科書 p.172〜173

◎社会保障制度のしくみ

・（　①　）の中心である（　③　）は，保険に加入して保険料を支払い，病気，失業，高齢などになったときに給付を受ける。

　→健康保険，国民年金，雇用保険，介護保険など。

・（　④　）は，収入が少なく，健康で最低限度の生活が送れない人に生活費などを給付する。

　→（　⑤　）は税金を財源とし，保険料を払わなくても利用できるが，世帯の所得などの確認や調査が行われる。

・**社会福祉**は，高齢者福祉，母子・父子・寡婦福祉など，高齢者や障がいのある人，保護の必要な子どもへの支援を行う。

・（　⑥　）は，予防接種，感染症予防，廃棄物処理など，感染症の予防などを行い，健康を増進するしくみである。

| ③ |
|---|
| ④ |
| ⑤ |
| ⑥ |
| ⑦ |
| ⑧ |

◎社会保険の役割／◎社会保障と所得の再分配機能

・日本は年金保険と医療保険が中心で，「国民皆保険・皆年金」を確立している。
　→年金保険には，（　⑦　）（基礎年金）があり，老齢年金だけでなく障害年金や遺族年金の給付も行う。

・（　①　）には，拡大した所得の格差を調整する機能がある。
　→（　⑤　）は憲法第25条の（　⑧　）権を保障する「最後のセーフティネット」。

解答▶▶ p.16

## ① 次の問いに答えなさい。
教科書 p.170〜171

(1) 収入が少なく，健康で最低限度の生活を送れない人に生活費を給付する制度を何といいますか。

(2) 主に高齢者が多く利用する社会保障制度を3つ書きなさい。

| (1) | |
|---|---|
| (2) | |
| | |
| | |

## ② 下の表を見て，次の問いに答えなさい。
教科書 p.172〜173

| 社会保険 | 健康保険，国民健康保険，国民年金，厚生年金保険，雇用保険，介護保険，労働者災害補償保険 |
|---|---|
| （　①　） | 生活保護(生活・教育・住宅などの援助) |
| （　②　） | 高齢者福祉，身体障がい者福祉，知的障がい者福祉，児童福祉，母子・父子・寡婦福祉 |
| 公衆衛生 | （　③　）予防，結核予防，予防接種，廃棄物処理，下水道整備，公害対策 |

| (1) | ① |
|---|---|
| | ② |
| | ③ |
| (2) | |

(1) 表中の①〜③にあてはまる語句を書きなさい。

(2) 失業や解雇で仕事を失った人への生活費として給付を受けることができる保険を，社会保険の中から選びなさい。

> 書きトレ！ 社会の高齢化が進むことで，社会保障制度にかかる費用はどうなると考えられますか。
>
> (　　　　　　　　　　　　　　　　　　　　　　　　　　　　　)

ヒント　　② (1)③は，ウイルスなどが体内に侵入して引き起こす病気のことです。
書きトレ！社会保障制度は高齢者が多く利用しており，その費用には社会保険料や税金が使われています。

# 1節　暮らしを支える社会保障②

（　）にあてはまる語句を答えよう。

ノートを活用して，くり返し書いて覚えよう。

## **3** 社会保障の維持のために

教科書 p.174〜175

### ◉人口構造の変化

・日本は少子化が続く一方で，高齢者が増える（　①　）社会。

　→多くの高齢者が年金保険，医療保険，介護保険から給付を
　受けるが，（　②　）や税金を多く負担するのは収入のある現役
　世代である。→社会保障制度の財政が不安定になる。

### ◉高齢化と医療保険や介護保険

・高齢社会では，**介護**を必要とする人が増え，治療のための医
　療費や医療保険からの支出が増加する。

　→2000年から始まった（　③　）は保険料と税金を財源とし，介
　護サービスを提供する制度である。

　→サービスをになう労働者の確保や，介護保険の財政の維持
　の問題，また，認知症の高齢者とその家族を社会全体でどう
　サポートするかという課題もある。

### ◉今後の社会保障制度と自助・公助・共助

・これからの社会保障制度と財源をどうするかは重要な課題。

・社会保障制度を維持していくために，世代を超えた協力が必要。

　→必要な人に対する給付を維持する（公助）。貯蓄や民間保険への加入など国民自らが準備を
　する（（　④　））。地域で認知症の人や高齢者へのサポートをする（共助）。

|   |
|---|
| ① |
| ② |
| ③ |
| ④ |

国の歳出で最も大きな割
合を占めているのが社会
保障関係費なんだ。

## **4** 暮らしやすいまちづくりへ

教科書 p.176〜177

### ◉社会資本のもつ意義／◉これからのまちづくり

・私たちの生活は，人々が共同で利用する（　⑤　）（公共施設）に
　よって支えられている。

　→道路などの交通網，上下水道，図書館などの施設は**公共事業**。

・（　⑤　）の維持と質の改善が大きな課題となっている。

　→高齢者や障がいのある人のために，「（　⑥　）」設備の充実，
　標識の工夫，最初から誰もが利用しやすい（　⑦　）の設計。

　→社会生活の場面では，障がいのある人への（　⑧　）が必要。

・地域にどのような課題があるか，どのように貢献するか，住
　民自身が考え行動する姿勢が重要。

　→ボランティア活動やNPOへの参加が増えている。

|   |
|---|
| ⑤ |
| ⑥ |
| ⑦ |
| ⑧ |

解答▶▶ p.16

## ① 次の問いに答えなさい。

教科書 p.174～175

(1) 日本は，生まれてくる子供が減る一方で，平均寿命が延び，人口に占める高齢者の割合が高い社会となっています。この社会を何といいますか。

(2) 2004年4月から導入された，介護を必要とする人々を社会全体で支えることを目ざした制度を何といいますか。

(3) 今後の社会保障制度について，あてはまらないものをア～エから選びなさい。

　ア　健康管理や介護予防など，国民自らが対策を行うことも社会保障制度を維持するために重要なことである。

　イ　制度を維持するには，社会保障の給付を増やすことも検討しなくてはいけない。

　ウ　現役世代が減っていくため，制度の財源が不安定になる。

　エ　制度を維持するためには世代を超えた協力が必要である。

| | |
|---|---|
| (1) | |
| (2) | |
| (3) | |

## ② 次の問いに答えなさい。

教科書 p.176～177

(1) 上下水道や港湾，自然災害に備えた堤防など，人々が共同で利用する公共施設を何といいますか。

(2) 多機能トイレや突起のついたシャンプーの容器など，年齢や性別，言語，障がいの有無に関係なく，すべての人が利用しやすいようにつくられたデザインを何といいますか。

(3) 駅で見かけるバリアフリーの例を一つ書きなさい。

| | |
|---|---|
| (1) | |
| (2) | |
| (3) | |

書きトレ！　少子高齢社会が進むと，社会保障制度の財政が不安定になるのはなぜですか。各世代の観点から簡単に書きなさい。

ヒント　書きトレ！　高齢者(65歳以上)と，現役世代(15～64歳)に分けて考えましょう。年金保険などの社会保険を多く受け取る世代，社会保険料や税金を多く負担する世代はそれぞれどちらでしょうか。

第5章　安心して豊かに暮らせる社会

# 2節　これからの日本経済の課題

| 四大公害 |||||
|---|---|---|---|---|
| 四大公害病 | 新潟水俣病（新潟県） | 四日市ぜんそく（三重県） | イタイイタイ病（富山県） | 水俣病（熊本県） |
| 主な原因 | 水質汚濁 | 大気汚染 | 水質汚濁 | 水質汚濁 |

（　）にあてはまる語句を答えよう。

ノートを活用して，くり返し書いて覚えよう。

## 1 循環型社会に向けて

教科書 p.180〜181

◎発生した公害問題／◎環境保全の取り組み

・1960年代，急速な工業化を進め，企業や政府が対応を怠った結果，四大公害をはじめとする**公害**が悪化。

　→1967年（　①　）法を制定。

・1971年（　②　）設置，1972年に自然環境法を制定。

　→公害に伴う費用は発生者が負担する（　③　）（PPP）も確立。

・1993年に地球環境問題への対策を進める（　④　）法を制定。

・開発による環境への影響を事前に評価する「（　⑤　）」を実施し，被害を防ぐ。

◎循環型社会の実現へ

・「持続可能な社会」の実現に向け，（　⑥　）社会の構築が大切。

　→2000年に（　⑥　）社会形成促進基本法が制定され，政府・企業・市民の協働が必要となっている。

①

②

③

④

⑤

⑥

## 2 グローバル化する経済

教科書 p.182〜183

◎グローバル化する経済社会／◎グローバル化の影響

・1980年代後半から経済の**グローバル化**が進む。

　→（　⑦　）（TPP）協定などが国家間で進められている。

・**多国籍企業**は，生産にかかる費用を抑えることができる。

・国内で操業する企業も安い労働力などを求め，海外に移転。

　→産業の（　⑧　）により国内の雇用減少，地域経済の衰退。モノカルチャー化も進展。

⑦

⑧

## 3 新たな日本経済のあり方

教科書 p.184〜185

◎世界に誇れる日本の技術

・日本の**ものづくり**は，さまざまな制約を克服し，社会や時代の要請にこたえる技術開発を続けてきた。

◎地域からの活性化／◎「豊かさ」の変化

・近年，各地域の再生可能な資源を活用した発展を重視。

　→地域の原材料を加工し，独自のブランドとして高めて販売する「（　⑨　）」が広がる。

・自然環境や人とのつながりにも価値を見出す。→私たちの抱く「豊かさ」が変化。

⑨

地域ブランドは全国で活発になっているよ。

解答 ▶▶ p.17

### 1 次の問いに答えなさい。 　教科書 p.180～181

(1) 次の四大公害がおきた県名を答えなさい。
　① 水俣病（みなまた）　② イタイイタイ病

(2) 環境影響評価法で義務づけられた，開発を行う前に，環境
への影響を調査し評価する制度を何といいますか。

| (1) | ① | |
|---|---|---|
| | ② | |
| (2) | | |

### 2 次の問いに答えなさい。 　教科書 p.182～183

(1) 多くの国に拠点があり，原材料の調達から生産・販売までの分業を世界規模で行う企業を
何といいますか。

(2) 国の経済が特定の鉱産資源や農産物に依存（いぞん）している経済
状況を何といいますか。

| (1) | |
|---|---|
| (2) | |

### 3 次の問いに答えなさい。 　教科書 p.184～185

(1) 地元の農産物や水産物を原料にして加工し，地域ブランドとして販売する動きを何といい
ますか。

(2) これからの日本経済のあり方についてまとめた次の文章
を読んで，①・②にあてはまる語句を，ア～エから選びな
さい。

( ① )重視の発展から，地域の再生可能な( ② )を活用し
た発展を進める考え方が広まっている。

ア　東京　　イ　自然資源　　ウ　工業
エ　ビッグデータ

| (1) | |
|---|---|
| (2) | ① |
| | ② |

書きトレ！ 産業の空洞化は，国内にどのような影響を与えますか。地域経済の観点から簡単に
書きなさい。

( )

ヒント ❶ (1)イタイイタイ病は鉱山から神通川（じんづう）流域に流れ出たカドミウムが主な原因です。
　　　 ❷ (2)アフリカなどの発展途上国で多くみられます。

時間
30分

／100点

合格
70
点

**①** 次の問いに答えなさい。

40点

点
UP

(1) 次のア〜キのうち，日本の社会保障制度にあたるものを5つ選び，それぞれA〜Dのどの制度にあてはまるか，記号で答えなさい。

ア 家が火災にあったが，保険に加入していたので保険金の支払いを受けた。

イ 老後の生活のために，国民年金に入っている。

ウ 仕事でけがをしたので，労災保険が認められた。

エ 障害者手帳をもっている。

オ 家族がみんな生命保険に加入している。

カ 父親が長い間病気なので，生活費や教育費を国からもらっている。

キ 感染症(かんせんしょう)の予防や予防接種などを行う。

A 社会保険    B 公的扶助(ふじょ)    C 社会福祉(ふくし)    D 公衆衛生

(2) 社会保障制度のうち，生活保護の制度は日本国憲法第25条で定められた「健康で文化的な最低限度の生活を営む権利」を保障しています。この権利を何といいますか。

(3) 2004年から導入された，保険料と税金を財源に，介護(かいご)が必要な人に介護サービスを提供する保険制度を何といいますか。

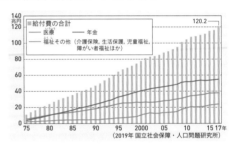

(4) 記述 右のグラフは，社会保障の給付金額を表したものです。給付金額が年々増えている理由を簡単に書きなさい。思

**②** 次の問いに答えなさい。

35点

(1) わが国の四大公害訴訟について，次の①〜④の公害の発生地域を右の地図中のア〜キから選びなさい。また，その原因を下のA〜Dから選びなさい。なお，同じ記号を二度選んでもかまいません。技

① 新潟水俣病(にいがたみなまた)    ② 四日市(よっかいち)ぜんそく

③ 水俣病    ④ イタイイタイ病

A 工場廃水(はいすい)中の水銀など

B 飛行機による騒音(そうおん)

C 工場から排出した亜硫酸(ありゅうさん)ガス

D 鉱山から流出したカドミウム

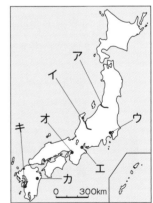

(2) 1967年に制定された，公害対策の中心となる法律を何といいますか。

(3) 1993年に，(2)の法律を発展させて，環境保全(かんきょう)についての基本理念をまとめた法律が施行されました。この法律を何といいますか。

(4) 記述 循環型社会(じゅんかん)とはどのような社会ですか。簡単に書きなさい。思

**❸** 次の問いに答えなさい。 25点

(1) 経済のグローバル化により，海外へ移転する工場が増え，国内の産業が衰退し，失業者が増えています。この状態を何といいますか。

(2) ①～③の略語は何を表していますか。**ア**～**ウ**から選びなさい。
   ① BRICS　　② TPP　　③ アジアNIES
   **ア** 韓国，シンガポール，台湾，ホンコン
   **イ** ブラジル，ロシア，インド，中国，南アフリカ
   **ウ** 環太平洋パートナーシップ

(3) 地域の活性化について，正しいものを**ア**～**エ**から選びなさい。
   **ア** 地域の自然をいかした発展から，工業を中心とした発展を重視する考え方が広がっている。
   **イ** 都市から地域に移住し，農産物などを活用して経済を発展させようと試みる人たちは増えつつある。
   **ウ** 農産物などの原材料を加工して，地域独自のブランドとして販売する「三次産業化」の動きが全国で広がっている。
   **エ** 地域の自然資源は一度使うと再生しないので，なるべく使わないようにする。

| ❶ (1) | 具体例 | 制度 | 具体例 | 制度 5点 | 具体例 | 制度 5点 | 具体例 | 制度 5点 |
|---|---|---|---|---|---|---|---|---|
| | 具体例 | 制度 | 具体例 | 制度 5点 | | | | |

| (2) | | | | (3) | | | | 5点 |
| (4) | | | | | | | | 5点 |

| ❷ (1) | ① 地域 | 原因 | | ② 地域 | 原因 5点 | |
| | ③ 地域 | 原因 | | ④ 地域 | 原因 5点 | |

| (2) | | | 5点 | (3) | | 5点 |
| (4) | | | | | | 5点 |

| ❸ (1) | | | 5点 |
| (2) | ① | 5点 | ② | 5点 | ③ | 5点 |
| (3) | | 5点 | | |

第5章
教科書170～185ページ

よく出る

ブリックス，ニーズ，かんこく，たいわん，ちゅうごく，かんたいへいよう，すいたい

第６章　国際社会に生きる私たち

# １節　国際社会の平和を目ざして①

**北方領土**

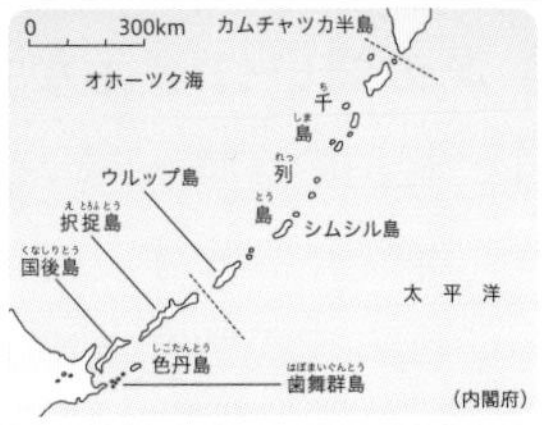


(　　)にあてはまる語句を答えよう。
ノートを活用して，くり返し書いて覚えよう。

## 1 国際社会を構成する国

教科書 p.194～195

**海外旅行とパスポート／主権国家とは**

・海外旅行の際には，(①)(旅券)が必要である。
・国家の(②)とは，他国からの支配や干渉(かんしょう)を受けず，自国内の政治や外交などを自ら決める権利である。
・国際社会は，このような(②)国家によって構成される。
→国家は(②)をもつことにおいて平等である((③))。

**国旗と国歌／国際法の役割**

・国旗と国歌は国を表す象徴であり，お互いに敬意を払い尊重することが国際的な儀礼(ぎれい)となっている。
→日本では慣例であった**国旗**「(④)(日の丸)」と**国歌**「君(きみ)が代(よ)」が1999年に法律で正式に定められた。
・国際社会で秩序(ちつじょ)と平和を守るために決められた国家間のきまりや合意を(⑤)という。
→国際慣習法…国家間の長年の慣習によって成立。
→(⑥)…国家間で新たに合意されたきまり。

①
②
③
④
⑤
⑥

## 2 日本の領土をめぐって

教科書 p.196～197

**主権国家の三要素**

・国家は，**領域**，**国民**，**主権**の三つから成る。
→領土の周辺(⑦)海里(１海里は1852m)までの海が(⑧)であり，領域は**領土**，(⑧)，**領空**から成る。
→(⑧)の外側で，海岸線から200海里までの範囲(はんい)を(⑨)といい，水産資源などを自国のものにできる。
→(⑨)の外側は公海で，原則としてどの国でも航行や漁業などの自由が認められている。

**領土をめぐる問題／領土問題の解決に向けて**

・(⑩)…北海道(ほっかいどう)の東に位置する歯舞群島(はぼまいぐんとう)，色丹島(しこたんとう)，国後島(くなしりとう)，択捉島(えとろふとう)を指し，ロシアに占拠(せんきょ)。→政府間で交渉(こうしょう)中。
・(⑪)…島根(しまね)県に属し，韓国(かんこく)が不法に占拠を続けている。
・(⑫)…沖縄(おきなわ)県に属し，中国が領海侵犯(しんぱん)をしている。
・領土問題は，外交交渉で平和的に解決することが重要。

⑦
⑧
⑨
⑩
⑪
⑫



解答▶▶ p.18

## 1 次の問いに答えなさい。 〔教科書 p.194〜195〕

(1) 主権を持つ国家のことを何といいますか。

(2) 国家間のきまりや合意を何といいますか。

(3) (2)のうち，侵略されない権利や公海の自由など，国家間の
長年の慣習で成立したものを何といいますか。

| | |
|---|---|
| (1) | |
| (2) | |
| (3) | |

## 2 下の図を見て，次の問いに答えなさい。 〔教科書 p.196〜197〕

海岸線からA海里以内 （国連海洋法条約による）

| | | |
|---|---|---|
| (1) | ① | |
| | ② | |
| | ③ | |
| (2) | | |
| (3) | | |
| (4) | | |

(1) ①〜③は領域をあらわしたものです。それぞれにあてはま
る語句を書きなさい。

(2) Aにあてはまる数字を書きなさい。

(3) 韓国が領有権を主張し，不法に警備隊を常駐させている，
島根県に属する群島を何といいますか。

(4) 北方領土の返還をめぐって，日本が交渉を進めている国を，
ア〜エから選びなさい。

　ア　中国　　イ　北朝鮮　　ウ　アメリカ　　エ　ロシア

書きトレ！ 排他的経済水域では沿岸国に何が認められていますか。簡単に書きなさい。

（　　　　　　　　　　　　　　　　　　　　　　　　　　　　　）

第
6
章

教科書
194
〜
197
ページ

──── ヒント　　 2 (3)日本は国際司法裁判所での解決を提案していますが，韓国は領土問題の存在を否定しています。
　書きトレ！ 排他的経済水域で見つかった資源はどうなるか考えましょう。

**国際連合のしくみ**

安全保障理事会 ── 5常任理事国と10非常任理事国

信託統治理事会（活動停止中）

国際司法裁判所　総会　事務局

経済社会理事会

専門機関

（　）にあてはまる語句を答えよう。

ノートを活用して，くり返し書いて覚えよう。

### 3 国際社会のまとめ役

教科書 p.200～201

◉国際連合の誕生／◉国連のしくみ／◉国連のはたらき

・1945年6月にサンフランシスコ会議で**国際連合憲章**を採択。

・同年10月，**国際連合（国連）**が発足。発足時の加盟国は51か国
　だったが現在は190か国を超える。

・（　①　）（**安保理**）が紛争の解決と平和の維持を担当する。

　→アメリカ，イギリス，中国，フランス，ロシアの（　②　）と，
　任期2年で毎年半数が改選される10か国の（　③　）で構成。

　→（　②　）は議題に反対する（　④　）をもち，重要な議題では1
　か国でも反対すると決定できない（五大国一致の原則）。

・国連憲章で定められたすべての問題について討議，勧告でき
　る（　⑤　）は，全加盟国で構成され，各国は平等に一票をもつ。

・（　①　）の決議のもと，多国籍軍が組織され，侵略に対し武力
　行使を行うことがある。

　→停戦などを行う（　⑥　）（**PKO**）も実施している。→日本は
　国際平和協力法により，自衛隊の海外派遣を認めている。

・文化・教育の振興を行うUNESCO，保健政策を行う（　⑦　），
　子どもたちの権利を守るUNICEFなどの専門機関がある。

| |
|---|
| ① |
| ② |
| ③ |
| ④ |
| ⑤ |
| ⑥ |
| ⑦ |

### 4 地域統合の光と影

教科書 p.202～203

◉地域統合とEU

・国境を越えて経済活動を促進する**地域統合（地域主義）**が進む。

・ヨーロッパでは，1993年（　⑧　）（**EU**）が発足し，単一通貨（　⑨　）
　の使用や，人々の自由な移動が実現。

　→2009年（　⑨　）危機，2020年イギリスがEUを離脱。

◉アジアにおける地域統合と日本／◉北米での自由貿易協定

・アジアでは，1967年に（　⑩　）（**ASEAN**）を設立。

・1989年から（　⑪　）（**APEC**）が始まり，日本も参加。

・2018年，日本含む11か国で（　⑫　）（**TPP**）**協定**が発効。

・北アメリカ大陸では，アメリカ，カナダ，メキシコによる北
　米自由協定（**NAFTA**）により，巨大な自由貿易圏が成立。

　→再交渉の結果，2020年，アメリカ・メキシコ・カナダ協定（USMCA）を発効。

| |
|---|
| ⑧ |
| ⑨ |
| ⑩ |
| ⑪ |
| ⑫ |

### ❶ 次の問いに答えなさい。

教科書 p.200 ～ 201

(1) 国際連合の前身であり，第一次世界大戦の反省から生まれた国際機関を何といいますか。

(2) 国連の常任理事国は5か国で構成されています。アメリカ，イギリス，ロシア以外の2か国を答えなさい。

(3) ①～③にあげる国際機関の名称を，ア～エからそれぞれ選びなさい。
① UNICEF
② WTO
③ UNESCO
ア　世界貿易機関　　イ　国連児童基金
ウ　国連教育科学文化機関　　エ　世界保健機関

| | | |
|---|---|---|
| (1) | | |
| (2) | | |
| (3) | ① | |
| | ② | |
| | ③ | |

### ❷ 次の問いに答えなさい。

教科書 p.202 ～ 203

(1) ヨーロッパ連合の共通通貨を何といいますか。

(2) ①～④にあげる地域統合の略称を，ア～カからそれぞれ選びなさい。
① 東南アジア諸国連合
② アジア太平洋経済協力
③ 北米自由貿易協定
④ 経済連携協定
ア　EPA　　イ　ASEAN　　ウ　NAFTA
エ　APEC　　オ　FTA　　カ　TPP

| | | |
|---|---|---|
| (1) | | |
| (2) | ① | |
| | ② | |
| | ③ | |
| | ④ | |

書きトレ！ 国連の安全保障理事会の役割を簡単に書きなさい。

( )

ヒント　❷ (2)自由貿易協定をさらに広げ，投資や人々の交流も含めた幅広い経済関係の強化を目指した協定を「経済連携協定」といいます。日本は2018年にEUとの間に署名しました。

青年海外協力隊が
派遣された地域

その他 16%
北アメリカ・
中南アメリカ 22%
アフリカ 33%
東アジア・
東南アジア・
南アジア 29%

（2018年9月末現在　JICA資料）

（　）にあてはまる語句を答えよう。

ノートを活用して，くり返し書いて覚えよう。

## 5　世界の一員として

教科書 p.204～205

### ◉日本の国際貢献

・日本は，経済援助や技術協力などの国際貢献を行っている。

→発展途上国への（　①　）(ODA)の提供は世界の中でも多い。

→（　②　）の派遣や，災害援助，国連のPKOを通した平和維持に対する貢献なども行っている。

### ◉NGOの役割／◉世界の中の日本

・民間でも（　③　）(非政府組織)の国際的な支援活動が活発化。

→発展途上国や紛争地域などで，医療や農業，技術支援，貧困対策，環境保護，難民や子ども，女性への支援活動を行う。

→現地の実情や必要性を知っているので，政府の支援よりもきめ細かい援助をすばやく実施できる。→政府は資金や人材育成の面から（　③　）を支援。

・日本はかつて戦争で，アジアの国々に大きな被害をもたらしたことを忘れず，近隣諸国と良好な関係を深める努力が必要。

→戦後は積極的な国際貢献を行い，2011年の東日本大震災の際には多くの国々から支援が寄せられた。

| ① |
|---|
| ② |
| ③ |

## 6　核なき世界の実現へ

教科書 p.206～207

### ◉核をとりまく現状と課題

・日本は，世界で唯一の核兵器による被爆国であり，（　④　）を掲げる国である。→広島と長崎は世界の核軍縮運動の象徴。

→（　⑤　）は核兵器などの開発を続け，日本の脅威となる。

### ◉軍縮の動き

・核兵器を大量保有しているアメリカやロシアでは削減が進む。

→中国では削減が進まず，また（　⑥　）(NPT)に参加しない国もあり，核兵器や新兵器開発の可能性が残る。

・日本は保有国に核兵器の削減を求め，自らも保有しない方針。

→同盟国である（　⑦　）の核抑止力に依存。

### ◉平和の維持と実現のために

・（　⑤　）やイランと，外交努力を続ける必要がある。

・大量破壊兵器がテロリストなどに渡ることを防ぐために，（　⑧　）や国際原子力機関による監視体制を強化。

| ④ |
|---|
| ⑤ |
| ⑥ |
| ⑦ |
| ⑧ |

解答▶▶ p.19

### 1 右の図を見て，次の問いに答えなさい。　　教科書 p.204〜205

(1) 図の①〜③にあてはまる語句を，次の**ア**〜**エ**から選びなさい。

  **ア**　ODA
  **イ**　国際機関
  **ウ**　NPT
  **エ**　資金

【政府開発援助①（　）】

2 国間援助
- （②）の贈与●災害・食糧援助
- 技術協力●専門家・ボランティアの派遣
- （②）の貸し付け●低い利子率で長期の貸し付け

- （③）を通じた援助●ユニセフや世界銀行など

(2) 政府ではなく，自分たちの意思で，紛争地域や災害の被災地，発展途上国の支援活動に取り組んでいる団体を何といいますか。

| (1) | ① |
|---|---|
| | ② |
| | ③ |
| (2) | |

### 2 次の問いに答えなさい。　　教科書 p.206〜207

(1) 核兵器の保有をアメリカ，イギリス，フランス，中国，ソ連（現在のロシア）に限定して，他の国の核保有を禁止する条約を何といいますか。

(2) 2017年に国連で採択された，核兵器の開発・使用，また核兵器を使って威嚇（いかく）する行為を法的に禁止した国際条約を何といいますか。

(3) 戦争中に核兵器による攻撃を受け，現在は世界的な核軍縮運動の象徴となっている日本の都市を二つ書きなさい。

(4) 核兵器を放棄（ほうき）した国を，**ア**〜**エ**から選びなさい。
  **ア**　北朝鮮　　**イ**　中国　　**ウ**　南アフリカ共和国
  **エ**　イラン

| (1) | |
|---|---|
| (2) | |
| (3) | |
| (4) | |

**書きトレ！** 日本と北朝鮮の間で未解決となっている問題を，簡単に書きなさい。

( )

---

**ヒント**　**2** (2)日本は安全保障の観点から不参加の立場を表明しています。
**書きトレ！** 北朝鮮は国連の決議に違反して兵器開発を進めています。

解答▶▶ p.19　　81

ぴたトレ
**3**
確認テスト

第 6 章
国際社会に生きる私たち①

時間 30分 ／100点
合格 70点

## ❶ 次の問いに答えなさい。

20点

(1) 主権を持つ国家のことを何といいますか。

(2) 右の地図を見て，次の問いに答えなさい。

① 領有について日本と韓国との主張に相違がある竹島を，右の地図中のア～ウから選びなさい。[技]

② [記述] 排他的経済水域の範囲について，簡単に書きなさい。[思]

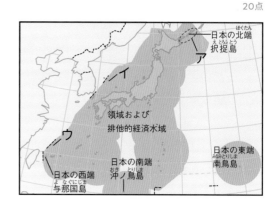

## ❷ 右の図を見て，次の問いに答えなさい。

45点

(1) 右の図は，国際連合のしくみをまとめたものです。A・Bにあてはまる機関名を，それぞれ書きなさい。[技]

(2) 右の図中のBについて，次の問いに答えなさい。

① Bは常任理事国と，何から構成されていますか。

② 重要な議題では，常任理事国のうち1か国でも反対すると決定できないことになっています。常任理事国のもつこの権利を何といいますか。

③ 常任理事国は5か国で構成されています。アメリカ，イギリス，中国とあと2か国ですが，その2か国の国名を書きなさい。

(3) 国連では，多くの専門機関や補助機関が活動しています。①～③の機関名の略称を，あとのア～エから選びなさい。

① 国連教育科学文化機関

② 国連児童基金

③ 世界保健機関

ア WHO　イ UNESCO（ユネスコ）　ウ UNICEF（ユニセフ）　エ WTO

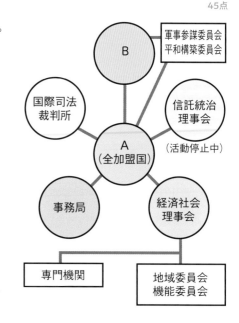

❸ 次の問いに答えなさい。　　　　　　　　　　　　　　　　　　　　　　　15点

（1） 次の①～③の文にあてはまる地域統合の名称を，ア～エから選びなさい。

　　① 単一通貨ユーロの使用を実施している。2020年にイギリスが離脱した。

　　② 北アメリカ大陸の三国であるアメリカ，カナダ，メキシコが，貿易や投資の自由化を進めるために結んだ協定。再交渉の結果，2020年にUSMCAが発効した。

　　③ 日本など太平洋を囲む国々を中心に，関税を撤廃し貿易の自由化を進める経済協定。

　　ア　ヨーロッパ連合(EU)　　　　イ　環太平洋パートナーシップ(TPP)協定
　　ウ　アジア太平洋経済協力(APEC)　　　エ　北米自由協定(NAFTA)

❹ 次の問いに答えなさい。　　　　　　　　　　　　　　　　　　　　　　　20点

（1） 次の文章の①・②にあてはまる語句を書きなさい。

　　　日本は国際貢献として，発展途上国に多くの（　①　）を提供してきた。その額は，世界でも多いが，贈与比率は低い。民間では（　②　）の海外での支援活動が活発で，政府と連携することで，より効果的な海外支援を実現しようとしている。

（2） 核兵器の保有をアメリカなど5か国のみに限定し，他国の核保有を禁止する条約を何といいますか。

（3） 核兵器をとりまく現状について，あてはまらないものをア～エから選びなさい。

　　ア　日本は，核兵器禁止条約には不参加の立場を表明している。

　　イ　イランで核兵器開発を一時停止する合意が成立したが，アメリカが合意から離脱した。

　　ウ　日本は，同盟国であるロシアの核抑止力に依存する政策をとっている。

　　エ　1990年代以降，各国の取り組みによって世界全体の核兵器の数は減ってきている。

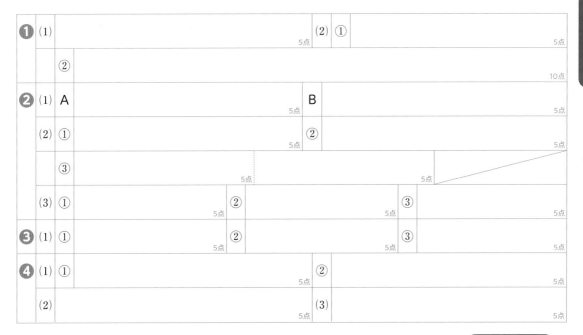

# 2節　国際社会が抱える課題と私たち①

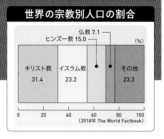

世界の宗教別人口の割合

（　）にあてはまる語句を答えよう。

ノートを活用して，くり返し書いて覚えよう。

## **1** 終わらない地域紛争

教科書 p.208 〜 209

◉**冷戦後の世界**／◉**アフリカの紛争**

・「ベルリンの壁の崩壊」「マルタ会談」により，東西の（　①　）が終結し，1991年にはソ連が解体，ロシアなどに分かれる。

→現在でも各地で民族紛争や内戦，テロリズムなどの新しい（　②　）が発生している。→不特定多数の人々を襲ったり，歴史的な建造物を破壊したりするテロ行為が増加している。

・アフリカでは（　①　）の時代から紛争が多発してきた。

→19世紀にヨーロッパ諸国が（　③　）を行い，直線的に引かれた国境によって民族が分断された。

→鉱物資源も紛争を長引かせる原因となっている。

◉**紛争による難民問題**

・自国にいると迫害を受ける，またはその可能性があるため他国に逃れる（　④　）が，イラクやアフガニスタンなどのイスラム地域，アフリカ諸国などで発生し，深刻な問題となる。

→2011年からのシリア内戦により多くの（　④　）が国外に逃れ，その一部がヨーロッパに移動。

→ヨーロッパでは（　④　）を受け入れることへの反発もある。

・国連難民高等弁務官事務所（（　⑤　））が（　④　）の保護や救援活動に取り組んでいる。

| ① |
|---|
| ② |
| ③ |
| ④ |
| ⑤ |

## **2** さまざまな価値観の中で

教科書 p.210 〜 211

◉**多様な考え方と文化**

・人々はさまざまな（　⑥　）に分けられ，独自の文化をもつ。

→アメリカやオーストラリアのように，多数の移民を受け入れ（　⑦　）として発展してきた国もある。

◉**宗教と政治**／◉**国際社会の中の宗教問題**

・（　⑧　）は人々の価値観と暮らしの大きな影響を与えている。

→国内で起こる宗派の対立から，言論の制限，女性への不平等な扱いという形で政治に影響を与えることもある。

・ユーゴスラビアの民族紛争，インドとパキスタンの対立，イスラエルと（　⑨　）の対立も（　⑧　）の違いが原因の一つ。

→さまざまな考え方を知り，異なる価値観を認めることが持続可能な社会の実現へとつながる。

| ⑥ |
|---|
| ⑦ |
| ⑧ |
| ⑨ |

解答 ▶▶ p.20

### 1 次の問いに答えなさい。

教科書 p.208 ～ 209

(1) 政治的な目的を達成するために，暴力や暗殺，建造物の破壊など非合法的な手段を行使することを何といいますか。

(2) 難民についてまとめた文について，文中の①～③にあてはまる語句を書きなさい。

> 宗教・（　①　）・国籍あるいは政治上の理由による迫害のため，（　②　）に逃れる人々のことを難民という。2011年に始まった（　③　）内戦では，560万人以上の難民が生まれ，深刻な問題となっている。

| | |
|---|---|
| (1) | |
| (2) ① | |
| ② | |
| ③ | |

### 2 次の問いに答えなさい。

教科書 p.210 ～ 211

(1) 多くの移民を受け入れ，民族や文化の多様性を認めながら発展した国を何といいますか。

(2) イスラエル政府とパレスチナ解放機構（PLO）のあいだで結ばれた，和平への枠組みを取り決めた合意を何といいますか。

(3) ユダヤ教，イスラム教，キリスト教のそれぞれの聖地であり，パレスチナとイスラエルが領有をめぐって対立をしている都市を何といいますか。

(4) 宗教の違いが原因の一つとなってインドから分離・独立した国を，ア～エから選びなさい。
ア　ネパール　　イ　パキスタン　　ウ　イラン
エ　ベトナム

| | |
|---|---|
| (1) | |
| (2) | |
| (3) | |
| (4) | |

**書きトレ！** 国連難民高等弁務官事務所（UNHCR）はどのようなことに取り組んでいますか。簡単に書きなさい。

（　　　　　　　　　　　　　　　　　　　　　　　　　　　　　　　）

ヒント　1 (2)③ 政府軍と反政府勢力の対立，その他の武装勢力も介入し，内戦は複雑化しています。
　　　　2 (2)主にノルウェーの首都オスロで協議されました。

第6章

教科書208～211ページ

（　　）にあてはまる語句を答えよう。

ノートを活用して，くり返し書いて覚えよう。

### 3 安全をおびやかすもの

教科書 p.212～213

◎ **人間の安全保障**

・紛争や暴力をなくし，災害や感染症，貧困や地球温暖化など
さまざまな脅威から人々の生命や安全などを守り，人間らし
く生活できる社会を目ざす考え方を「**人間の安全保障**」という。

◎ **複雑化する南北問題**／◎ **国際社会の取り組み**

・地球の北側に多い（　①　）（**先進国**）では高い生活水準が実現。
一方，南側に多い（　②　）（**途上国**）は貧困，飢餓などが深刻。
→南北の経済格差から生まれる問題を（　③　）という。

・（　②　）の中には，植民地だった時代に特定の農作物の栽培を
強制され，独立した現在も工業化が進んでいない国がある。
→一方で，NIESやBRICSなどの国・地域が登場し，中国や
サウジアラビアなどは大きく成長。→このような国々と，成
長産業や資源を持たない国々の経済格差が広がる（　④　）が起
こっている。

・（　①　）は（　②　）が抱える問題の現状を理解し，お互いに納得
した上で協力関係を築く必要がある。
→（　①　）は，初等教育の充実，乳幼児死亡率の減少など「人
間の安全保障」の理念に基づく協力と行動をすることが重要
である。
→国連は「（　⑤　）（**SDGs**）」を採択し，17の目標を掲げて各
国で取り組んでいる。

| ① |
|---|
| ② |
| ③ |
| ④ |
| ⑤ |

サハラ以南のアフリカ
地域の貧困が特に深刻
なんだ。

---

**詳しく解説！ GNI（国民総所得）**

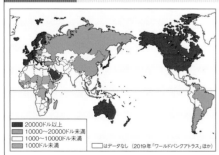

20000ドル以上
10000～20000ドル未満
1000～10000ドル未満
1000ドル未満
□はデータなし（2019年「ワールドバンクアトラス」ほか）

国内で一定期間内に生産さ
れたものやサービスの付加
価値の合計であるGDP（国
内総生産）から，国が外国
に支払った所得を除き，外
国から受け取った所得を加
えたもの。貧困を図るひと
つの指標となる。

解答▶▶ p.21

① 次の問いに答えなさい。

教科書 p.212～213

(1) 先進国と途上国で起きている，経済格差によって生まれる
さまざまな問題を何といいますか。

(2) 発展途上国のなかで，新興工業経済地域や産油国などの国
と，産業や資源を持たない国との間の経済格差から起こる
問題を何といいますか。

(3) 2030年までに達成すべきものとして，国連によって提案さ
れた，17の目標と169のターゲットで構成された行動計画
を何といいますか。アルファベット4文字で答えなさい。

(4) 途上国で生産された商品を公正な価格で取り引きするこ
とで，生産者の生活を支える取り組みを何といいますか。

(5) 次の文中の①～③にあてはまる語句を，ア～エから選びな
さい。

　GNIとは，それぞれの国のGDP（（　①　））から各国が外国
に支払った（　②　）を除き，外国から受け取った（　②　）を合計
したものである。それぞれの国の（　③　）の水準を示すめやす
とされている。

ア　経済活動　　イ　国民総所得　　ウ　国内総生産
エ　所得

(6) 途上国が抱える問題について，あてはまらないものをア～エから選びなさい。
ア　乳幼児死亡率が高い。
イ　モノカルチャー経済が定着せず，工業化が進む。
ウ　食糧が不足し，飢餓に苦しむ人が多い。
エ　貧困が深刻である。

| (1) | |
| --- | --- |
| (2) | |
| (3) | |
| (4) | |
| (5) | ① |
| | ② |
| | ③ |
| (6) | |

書きトレ！ 南北問題とはどのような問題ですか。生活水準の観点から簡単に書きなさい。

(　　　　　　　　　　　　　　　　　　　　　　　　　　　　　)

ヒント　①(4) 日本でもコーヒーやカカオなど，さまざまな企業や団体が商品を販売しています。
書きトレ！食糧や健康，教育など人々の生活の内容は先進国と途上国でどのような違いがあるでしょうか。

解答▶▶ p.21　　87

第6章　教科書212～213ページ

第6章　国際社会に生きる私たち

# 2節　国際社会が抱える課題と私たち③

日本の食品ロス

約643万t
(2016年)

（　）にあてはまる語句を答えよう。

ノートを活用して，くり返し書いて覚えよう。

## 4 なくてはならない食糧と水

教科書 p.214〜215

◉ 急激な人口の増加

・世界の人口は77億人を超え(2019年)，この100年で，特にアジアや（　①　）地域などで人口が増加している。

→食糧の十分な生産，医療の向上により，乳幼児死亡率が低下したことが原因。→今後も食糧やエネルギーが供給できるか，自然環境が悪化しないかなどが懸念される。

→途上国の中には，人口が爆発的に増加している（　②　）国もある。

◉ 食糧問題の現状

・人口増加，紛争や自然災害，異常気象などにより，（　③　）が発生して，慢性的な栄養不足になる人々が多くいる。

→世界にはすべての人が食べるのに十分な食糧があるが，先進国と（　④　）で食糧の配分がかたよっている。

◉ 「水の世紀」が抱える問題

・人口の増加などに伴い，飲料水や農業，工業用水など水の需要は高まっている。

→過剰な水の使用や水質汚染により，水の枯渇や水質が悪化することがあり，（　⑤　）が予想される。

| ① |
| ② |
| ③ |
| ④ |
| ⑤ |

## 5 子どもと女性をめぐって

教科書 p.216〜217

◉ 教育の機会は均等か／◉ 女性が抱える問題

・紛争地域や貧困率が高い地域などでは，すべての子どもに初等教育を普及するという国連の目標が達成できていない。→学校に通えず，働かされたり兵士（（　⑥　））となっていたりする場合も多い。

・（　④　）では男女平等が困難な状況にある。

→文化や宗教上の理由などから女性の教育や外での労働を好ましくないと考える地域もある。

| ⑥ |

複数の国で，性的少数者の結婚が認められてきているよ。

◉ 立ち上がる人々

・性的少数者への法的平等の確保も大きな課題。

・さまざまな差別を受けている当事者自身が改革を訴え，NGOも支援活動を行っている。

→紛争地域においては平和な社会を築くことが必要であり，平和維持活動(PKO)はその重要な第一歩となっている。

解答▶▶ p.21

**ぴたトレ 2** 練習

## 2節　国際社会が抱える課題と私たち③

### ① 下の文章を読んで，次の問いに答えなさい。
教科書 p.214〜215

> 世界のすべての人が食べるのに十分な食糧が生産されているが，現実には食糧不足に苦しむ人々が多い。理由の一つとして，経済格差によるかたよった（　①　）があり，（　②　）では飢餓（きが）に苦しむ人が多いが，（　③　）では膨大（ぼうだい）な（　④　）が発生している。

(1) ①〜④にあてはまる語句を，次のア〜エから選びなさい。

　　ア　先進国　　イ　食品ロス　　ウ　途上国

　　エ　食糧配分

(2) 2019年現在，世界の人口はおよそどれくらいですか。ア〜エから選びなさい。

　　ア　約16億人　　イ　約52億人　　ウ　約77億人

　　エ　約90億人

| (1) | ① |
| --- | --- |
| | ② |
| | ③ |
| | ④ |
| (2) | |

### ② 次の問いに答えなさい。
教科書 p.216〜217

(1) 国連は「持続可能な開発目標」の一つに，すべての人に質の高い教育の提供をあげています。その一つとして，すべての子どもに何を普及することを目標としていますか。

(2) 途上国で女性差別が起こる原因として，<u>あてはまらないもの</u>をア〜エから一つ選びなさい。

　　ア　司法が十分に整備されていない。

　　イ　貧困率が低い。

　　ウ　女性への教育を認めないという宗教上の考え方がある。

　　エ　医療体制が充実していない。

| (1) | |
| --- | --- |
| (2) | |

**書きトレ！** 紛争地帯などでは，子どもたちをめぐってどのような問題が起きていますか。簡単に書きなさい。

（　　　　　　　　　　　　　　　　　　　　　　　　　　　　　　　　　）

---

**ヒント** ① (1)食品ロスとは，まだ食べられるのに廃棄（はいき）される食品のことです。日本では，年間643万 t（2016年）あり，問題となっています。

解答 ▶▶ p.21

第6章　教科書214〜217ページ

太陽光発電

（　　）にあてはまる語句を答えよう。

ノートを活用して，くり返し書いて覚えよう。

## 6 これからの資源・エネルギー

教科書 p.218～219

◉ 限りある資源

・私たちの暮らしは大量の資源・エネルギーの消費によって支
えられ，その多くは（ ① ）である。

→（ ① ）は埋蔵地や産出地にかたよりがあり，可採年数も限
られている。→新興国や途上国の工業化で，消費量が急増。

→メタンハイドレートや（ ② ）（希少金属）などの開発や省
資源・省エネルギーの技術開発が進められる。

◉ 原子力発電と事故の影響／◉ 新しいエネルギーとこれから

・日本の電気は主に水力発電，火力発電，（ ③ ）でつくられる。

→（ ③ ）は温暖化防止対策への期待も寄せられていたが，
2011年の（ ④ ）に伴う福島第一原子力発電所の事故により，
電力政策のあり方が大きく見直されている。

・太陽光，風力などの（ ⑤ ）エネルギーを基盤とした社会を目ざす取り組みが世界的に広がる。

| ① |
| --- |
| ② |
| ③ |
| ④ |
| ⑤ |

## 7 「生命の星」を守るために

教科書 p.220～221

◉ さまざまな環境問題／◉ 地球温暖化とその影響

・化石燃料を使う工業社会により，自然は大きく変わっていった。
→砂漠化，（ ⑥ ）の破壊による温暖化などの環境問題が発生。

・国境を越えて広がる地球環境問題のうち，二酸化炭素などの
（ ⑦ ）の濃度が高くなることで起こる地球温暖化が深刻。

→化石燃料の大量消費が（ ⑦ ）の濃度を高めている。

→氷河の後退，洪水，干ばつによる作物不良や集中豪雨を引
き起こす。また，海抜の低い地域が水没する危険がある。

◉ 国際社会の動きとこれから

・1992年開催の（ ⑧ ）（地球サミット）により，持続可能な発展
への転換を各国間で確認。→温暖化対策として，気候変動枠
組条約と生物多様性条約が発効。

・1997年（ ⑨ ）採択。先進国の（ ⑦ ）の削減義務を明記。

・2015年に採択された（ ⑩ ）は，途上国も含め，世界の平均気
温の上昇を，産業革命以前より2℃低く保つことを目標。

・2010年（ ⑪ ）採択。生物資源の利用と利益の公平な配分などを定める。

| ⑥ |
| --- |
| ⑦ |
| ⑧ |
| ⑨ |
| ⑩ |
| ⑪ |

解答▶▶ p.21

### ① 次の問いに答えなさい。

教科書 p.218〜219

(1) 資源のうち，このまま使い続けるとあと50年ほどでなくなるといわれている資源は何ですか。次のア〜エから選びなさい。

　　ア　ウラン　　イ　石炭　　ウ　天然ガス
　　エ　鉄鉱石

(2) 太陽光や風力，地熱などを利用した，安全で持続可能な新しいエネルギーを何といいますか。

(3) (2)のエネルギーのうち，とうもろこしなどの農産物から作られる燃料を何といいますか。

| (1) | |
|---|---|
| (2) | |
| (3) | |

### ② 下の文章を読んで，次の問いに答えなさい。

教科書 p.220〜221

　　1992年に地球サミットが開かれ，（　①　）条約と生物多様性条約が発効された。1997年には（　②　）で開かれたCOP3において（　②　）議定書，また，2015年には途上国も含めて温暖化対策に取り組む（　③　）協定が採択された。

(1) ①〜③にあてはまる語句を書きなさい。

(2) 早期に（　②　）議定書から離脱した国はどこですか。

(3) 生物多様性条約第10回締約国会議（COP10）で採択されたものを，次のア〜エから選びなさい。

　　ア　名古屋議定書　　イ　TPP協定
　　ウ　UNICEF　　エ　NPT

| (1) | ① |
|---|---|
| | ② |
| | ③ |
| (2) | |
| (3) | |

**書きトレ!** 再生可能エネルギーによる発電のメリットを，環境への負担の観点から簡単に書きなさい。

ヒント　② (2)この国は，途上国に温室効果ガスの削減義務がないことを理由に離脱しました。
**書きトレ!** 太陽光，地熱，風力，水力など，再生できる自然を資源として発電します。

解答▶▶ p.21〜22　91

❶ **下の文章を読んで，次の問いに答えなさい。**　20点

> 現在，世界各地で民族紛争や内戦などの地域紛争が発生している。地域紛争や迫害のため，国外に逃れる人を <sub>a</sub>難民といい，イスラム地域や <sub>b</sub>アフリカ諸国では深刻な難民問題が発生している。また，紛争地域では子どもや女性などが <sub>c</sub>厳しい状況におかれている。

⑴　下線部aについて，難民の保護や救援活動に取り組んでいる国連の機関を何といいますか。アルファベット5文字で書きなさい。

⑵　下線部bについて，アフリカの地域紛争の原因である，19世紀にヨーロッパ諸国が，アフリカに住む人々の文化や民族性を考慮せずに国境を決めたことを何といいますか。

⑶　記述 下線部cについて，このような地域では，国連の掲げる「持続可能な開発目標」である子どもたちの初等教育においてどのような問題が発生していますか。簡単に書きなさい。　思

❷ **右の図を見て，次の問いに答えなさい。**　40点

⑴　右の地図は世界各国一人あたりのGNIを示したものです。この地図について，次の問いに答えなさい。

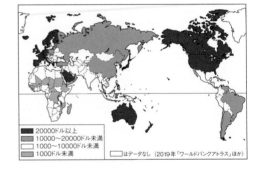

> 20000ドル以上
> 10000～20000ドル未満
> 1000～10000ドル未満
> 1000ドル未満
> □はデータなし　(2019年「ワールドバンクアトラス」ほか)

　①　GNIはある語句の略称です。正式名称を漢字で答えなさい。

　②　赤道を中心に集まる，GNI1000ドル未満の国々は，何とよばれていますか。技

　③　②の国々の中でも，資源や産業を持たない国々と，ペルシャ湾岸の豊かな石油産出国などとの間に新たな経済格差の問題が生まれています。これを何といいますか。次のア〜エから選びなさい。

　　ア　南北問題　　イ　東西問題　　ウ　南南問題　　エ　地球環境問題

　④　工業化が進まない国の中には，特定の商品作物や地下資源などに経済を依存している国があります。このような経済を何といいますか。

⑵　記述 南北の経済格差によって，世界の食糧配分についてどのような問題が起きていますか。簡単に書きなさい。思

⑶　「人間の安全保障」について，①・②にあてはまる語句を下から選びなさい。

> 紛争や暴力をなくすだけでなく，（　①　）や災害などさまざまな地球的規模の脅威から（　②　）の生命や安全を守り，人間らしく安心して生活できる社会を目ざす。

　　ア　感染症　　イ　すべての人　　ウ　先進国　　エ　難民

**❸ 次の問いに答えなさい。** 40点

(1) 地球温暖化について，次の問いに答えなさい。

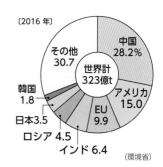

[2016 年]

その他 30.7

中国 28.2%

世界計 323億t

韓国 1.8

日本3.5

ロシア 4.5

インド 6.4

EU 9.9

アメリカ 15.0

(環境省)

① 右のグラフは温室効果ガスのひとつである気体の国別排出量を表しています。この気体を何といいますか。技

② COP 3 で採択された，先進工業国に温室効果ガスの排出削減（さくげん）を義務づけることを明記した議定書を何といいますか。

③ 2015年には途上国も含めて，温室効果ガスの排出削減に取り組むことが決定しました。この協定を何といいますか。

④ ②や③に参加していましたが，離脱した国はどこですか。

⑤ 記述 地球温暖化により，南極や北極の氷がとけて海面が上昇すると，海抜（かいばつ）の低い地域や国ではどのような問題が起こると考えられますか。簡単に書きなさい。思

(2) 記述 再生可能エネルギーである太陽光を使った発電について，メリットとデメリットをそれぞれ簡単に書きなさい。思

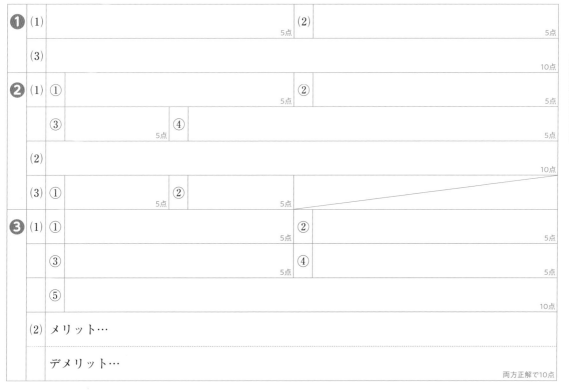

❶ (1) 　　　　　　　　　　　5点 (2) 　　　　　　　　　　　5点

(3) 　　　　　　　　　　　10点

❷ (1) ① 　　　　　　　　　　　5点 ② 　　　　　　　　　　　5点

③ 　5点 ④ 　　　　　　　　　　　5点

(2) 　　　　　　　　　　　10点

(3) ① 　5点 ② 　5点

❸ (1) ① 　　　　　　　　　　　5点 ② 　　　　　　　　　　　5点

③ 　5点 ④ 　　　　　　　　　　　5点

⑤ 　　　　　　　　　　　10点

(2) メリット…

デメリット… 　　　　　　　両方正解で10点

解答▶▶ p.22〜23

# 1節　持続可能な未来の社会へ

（　　）にあてはまる語句を答えよう。

ノートを活用して，くり返し書いて覚えよう。

## 1 持続可能な未来と私たち

教科書 p.228〜229

### ◉ 持続可能な未来とは

・これまでの学習や，毎日の暮らしの中での経験などもふまえ，

課題解決に向けて行動し，持続可能な未来のにない手を目ざす。

→接続可能な未来について次の4つの視点から考える。

① 「つながる」，② 「つづける」，③ 「つりあう」，④ 「つつみこむ」

| ① | |
|---|---|

### ◉ SDGsの意義

・（ ① ）（持続可能な開発目標）は17の目標と169のターゲットから構成される。

→ 「地球上の誰一人として取り残さない」ことをスローガンに，途上国も含めてすべての国

が取り組む。

---

### 詳しく解説！　SDGsの17の目標

　持続可能な未来をつくるための視点として，17の目標があります。

1　貧困をなくそう
2　飢餓をゼロに
3　すべての人に健康と福祉を
4　質の高い教育をみんなに
5　ジェンダー平等を実現しよう
6　安全な水とトイレを世界中に
7　エネルギーをみんなに　そしてクリーンに
8　働きがいも　経済成長も
9　産業と技術革新の基盤をつくろう
10　人や国の不平等をなくそう
11　住み続けられるまちづくりを
12　つくる責任　つかう責任
13　気候変動に具体的な対策を
14　海の豊かさを守ろう
15　陸の豊かさも守ろう
16　平和と公正をすべての人に
17　パートナーシップで目標を達成しよう

SUSTAINABLE DEVELOPMENT GOALS

---

解答▶▶ p.23

## 2 私の提案「自分を変える，社会を変える」をつくろう

教科書 p.230〜231

◉私の提案「自分を変える，社会を変える」をつくる手順

・(1)（ ② ）を選ぶ…これまでの学習や日常生活での経験などを
振り返り，自分にとって最も切実だと考える課題を選ぶ。

② 

③ 

| 持続可能性を妨げる課題 | |
|---|---|
| 環境・資源 | 自然災害，環境破壊，資源の枯渇など |
| 平和・人権 | 戦争，民族の多様性，障がい者差別など |
| 経済 | 経済格差の拡大，貧困，人口減少社会など |
| 健康 | 新型コロナウイルスなどの感染症，食糧など |
| 文化・教育 | 教育制度や施設，世界遺産の保護など |
| 情報 | ICT環境，インターネット，SNSなど |
| 犯罪 | 学校や地域で起こる犯罪や事件など |

・(2)実際につくる…表現方法を選び，テーマ設定の（ ③ ），提
案を作成する前後での自分自身や社会の変化を表現する。ま
とめとして，「自分にとっての持続可能な未来とは何か」に
対して自分なりの答えを考える。

持続可能性を妨げる課題はSDGsとどんな関係があるかな？

◉「自己との対話」と「他者との対話」

・表現することは「自己との対話」をすることである。
→作品の発表や意見交換などの「他者との対話」によって見直され，さらに新しい視点に気
づくこともある。

## 3 持続可能な未来への対話

教科書 p.234

◉「提案」について対話や交流を行うこと

・私の提案「自分を変える，社会を変える」を活用し，他の人
と「未来への対話」を行う。
→他者との交流や（ ④ ）を行う中で，提案に対する感想や意
見を聞き，よりよい内容に改善していく。

④ 

◉持続可能な未来への思いや行動へ

・（ ④ ）を通じて，共通点や相違点，新たな視点を発見。
→他者との（ ④ ）を大切にすることで，持続可能な未来への
思いや行動を広げることができる。

解答▶▶ p.23

\\ 定期テスト //

# 予想問題

**チェック!**

テスト前に解いて,
わからない問題や
まちがえた問題は,
もう一度確認して
おこう!

● テスト本番を意識し, 時間を計って解きましょう。

● 取り組んだあとは, 必ず答え合わせを行い,
　まちがえたところを復習しましょう。

● 観点別評価を活用して, 自分の苦手なところを確認しましょう。

| 教科書の単元 | | 本書のページ | 教科書のページ |
|---|---|---|---|
| 予想問題 **1** | 第1章　私たちの暮らしと現代社会 | ▶ p.98 ～ 99 | p.14 ～ 33 |
| 予想問題 **2** | 第2章　個人を尊重する日本国憲法 | ▶ p.100 ～ 101 | p.40 ～ 75 |
| 予想問題 **3** | 第3章　私たちの暮らしと民主政治① | ▶ p.102 ～ 103 | p.84 ～ 103 |
| 予想問題 **4** | 第3章　私たちの暮らしと民主政治② | ▶ p.104 ～ 105 | p.104 ～ 121 |
| 予想問題 **5** | 第4章　私たちの暮らしと経済 | ▶ p.106 ～ 107 | p.130 ～ 163 |
| 予想問題 **6** | 第5章　安心して豊かに暮らせる社会 | ▶ p.108 ～ 109 | p.170 ～ 185 |
| 予想問題 **7** | 第6章　国際社会に生きる私たち<br>終　章　私たちが未来の社会を築く | ▶ p.110 ～ 111 | p.194 ～ 234 |

## ❶ 次の問いに答えなさい。 40点

(1) 下の文章を読んで，①～③にあてはまる語句を**ア**～**エ**から選びなさい。

> 　現代の社会は，人，もの，お金，情報などが，国境をこえて容易に移動できる（　①　）が進んでいる。1980年代以降，安い資源や土地を求めて（　②　）へ進出する企業が増え，日本国内にも（　②　）から多くの労働者が来るようになった。私たちの暮らしは，諸外国と相互に支え合って連携する（　③　）で成り立っている。

　　　**ア** 外国　　**イ** グローバル化　　**ウ** 情報化　　**エ** 国際分業

(2) 情報社会に関する説明としてあてはまらないものを，**ア**～**エ**から選びなさい。

　　**ア** 災害の最新情報をスマートフォンで見ることができる。

　　**イ** 自宅のエアコンを，スマートフォンを使って外から操作することができる。

　　**ウ** SNSでは，住所や電話番号などの個人情報が流出する危険はない。

　　**エ** 情報機器を利用できる人と，利用できない人との間に「情報格差」が生じている。

(3) 右の図を見て，次の問いに答えなさい。

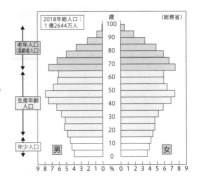

　① 図のように，子どもの数が減り，高齢者の割合が増加する現象を何といいますか。技

　② 子どもの数が減っている原因としてあてはまるものを，**ア**～**エ**から選びなさい。

　　**ア** 人々の結婚する年齢が下がっている。

　　**イ** 働きながら子育てする環境が整っていない。

　　**ウ** 教育費の負担が減っている。

　　**エ** 平均寿命が短くなっている。

　③ 記述 ①が進むと，年金や医療保険においてどのような問題が発生すると考えられますか，簡単に書きなさい。思

## ❷ 次の問いに答えなさい。 15点

(1) 日本人と宗教のかかわりについて，次の問いに答えなさい。

　① 森や川などの自然に対して，心や霊などを見出して崇拝することを，カタカナで何といいますか。

　② 日本の年中行事の中でキリスト教の影響をうけているものを，**ア**～**エ**から選びなさい。

　　　**ア** 初詣　　**イ** 七五三　　**ウ** バレンタインデー　　**エ** 七夕

(2) 日本の伝統行事である「茶の湯」を確立させたのは誰ですか。**ア**～**エ**から選びなさい。

　　**ア** 栄西　　**イ** 千利休　　**ウ** 雪舟　　**エ** 杉田玄白

　　成績評価の観点　　技…資料活用の技能　　思…社会的な思考・判断・表現

## ❸ 次の問いに答えなさい。

45点

(1) 記述 人間は社会的存在であるといわれています。なぜそういわれているのか，簡単に書きなさい。思

(2) 私たちは，家族や学校，地域社会，職場などさまざまな集団の中で暮らしています。このような集団を何といいますか。

(3) 右の図の④〜①にあてはまる語句を，次のア〜工から選びなさい。技

    ア 合意 　イ 公正 　ウ 効率

    エ 対立

みんなが納得
できる解決策

Ⓒ みんなの時間やお金，もの，労力などを無駄なく使うようになっているか

みんなが参加して決定するようになっているか（手続きのⒹさ）

Ⓓ 機会が不当に制限されたり，結果が不当なものになったりしていないか（機会や結果のⒹさ）

(4) 次の①，②の文は物事を決める方法の長所と短所を述べたものです。あてはまる方法をあとのア〜工からそれぞれ選びなさい。

  ① 全員が納得できるが，決定に時間がかかるという問題点がある。

  ② 一定時間内で決定できるが，少数意見が反映されにくい。

    ア 多数決で決める 　イ 第三者が一人で決める

    ウ 全員一致するまで話し合う 　エ 複数の代表者が話し合う

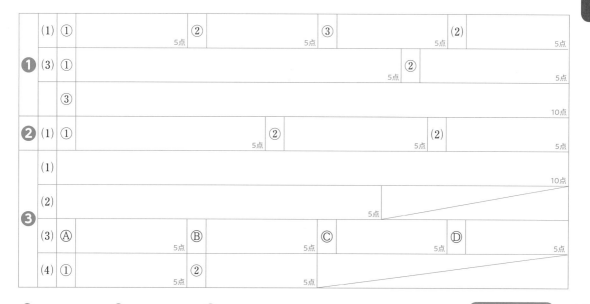

第 2 章
個人を尊重する日本国憲法

時間 30 分 ／100点　　合格 70 点

❶ **日本国憲法について，次の問いに答えなさい。**　　45点

(1) フランスの思想家で，『法の精神』で三権分立を唱えたのはだれですか。

(2) 1919年に制定された，社会権を最初に保障したドイツの憲法を何といいますか。

(3) 右の図を見て，次の問いに答えなさい。

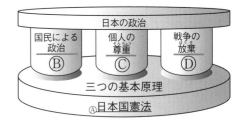

① 図中の下線部Ⓐについて，日本国憲法で，「日本国と日本国民統合の象徴」とされているのはだれですか。

② ①が行っている国事行為は，すべてある機関の助言と承認が必要です。その機関の名前を何といいますか。

③ 図中のⒷ～Ⓓにあてはまる語句を，次のア～エから選びなさい。 技

　　ア　基本的人権の尊重　　イ　国民主権
　　ウ　平和主義　　エ　立憲主義

(4) 戦争の放棄について，次の問いに答えなさい。

① 戦争の永久放棄，戦力を持たず，交戦権を認めないと定めているのは日本国憲法の第何条ですか。

② 1951年に結ばれた，東アジアの平和を守る目的で日本国内にアメリカ軍の駐留を認める条約を何といいますか。

❷ **下の文章を読んで，次の問いに答えなさい。**　　20点

> 　人権を保障するための権利の一つに，（　①　）がある。（　①　）は，政治が国民の意思に基づいて民主的に行われるために，国民が政治に参加する権利である。（　①　）には，ₐ国会議員や地方議会の議員，知事，市(区)町村長を選挙で選ぶ（　②　），国や自治体に要望を直接訴えることができる（　③　）などがある。

(1) ①～③にあてはまる語句をア～エから選びなさい。

　　ア　選挙権　　イ　請求権　　ウ　請願権　　エ　参政権

(2) 下線部ａの権利について，この権利は満何歳以上の国民に認められていますか。

　成績評価の観点　技…資料活用の技能　思…社会的な思考・判断・表現

**❸** 下の文章を読んで，次の問いに答えなさい。　　　　　　　　　　　　　35点

> 基本的人権について，ₐ平等権，ₑ自由権，ₓ社会権および基本的人権を守るための権利が保障されている。

(1) 記述 下線部 a について，2013年に「合理的配慮」を導入した障害者差別解消法が制定されました。入学試験の場面における「合理的配慮」の例を簡単に書きなさい。思

(2) 下線部 b について，①精神活動の自由，②生命・身体の自由，③経済活動の自由にあてはまるものを，次のア〜エから選びなさい。
　　ア　居住・移転・職業選択の自由　　イ　奴隷的拘束・苦役からの自由
　　ウ　集会・結社・表現の自由　　エ　拷問や自白を強要できる自由

(3) 下線部 c について，次の問いに答えなさい。
　　① 社会権のうち，すべての国民に保証された「健康で文化的な最低限度の生活を営む権利」のことを何といいますか。
　　② 労働基本権(労働三権)に<u>あてはまらない</u>ものを，ア〜エから選びなさい。
　　　ア　団結権　　イ　団体行動権　　ウ　団体交渉権　　エ　環境権

定期テスト予想問題

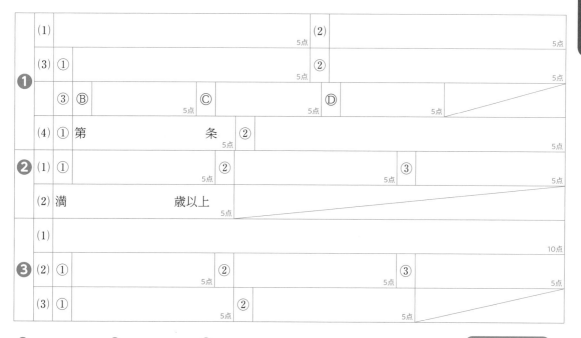

**❶ 現代の民主政治について，次の問いに答えなさい。** 20点

(1) 右の図中の④，⑤にあてはまる選挙のしくみを，ア～エから選びなさい。

　ア　比例代表制　　イ　小選挙区制

　ウ　大選挙区制　　エ　直接民主制

■④
当 a候補(A党)　b候補(B党)　c候補(C党)
得票数

■⑤
(定数3名)の場合
得票数
当 A党
当 B党

(2) 投票率について，あてはまるものをア～エから選びなさい。

　ア　選挙権が18歳以上に引き下げられたため，投票率が全体的に上がった。

　イ　参議院議員選挙の投票率は，年々上がっている。

　ウ　投票率を上げるために，期日前投票が行われている。

　エ　投票率を上げるために，日本では投票を棄権すると罰金が科せられる。

(3) 政治や社会の問題に関して，多くの人々によって共有されている意見を何といいますか。

**❷ 国会について，次の問いに答えなさい。** 50点

(1) 下の文章を読んで，①～④にあてはまる語句を書きなさい。

> 国会は，国の権力すなわち国権の（　①　）であり，また，唯一の（　②　）でもある。そのため，ほかのいかなる機関も法律をつくることができない。国会のうち、毎年1回，1月に召集されるものを（　③　）といい，会期は（　④　）日間である。

(2) 下の表は衆議院と参議院を比較したものです。この表を見て，次の問いに答えなさい。

① 表中のA～Cにあてはまる語句や数字を答えなさい。

② 日本の国会は，衆議院と参議院で構成されています。このようなしくみを何といいますか。

|  | 衆議院 | 参議院 |
|---|---|---|
| 任期 | 4年（　A　）がある | 6年(3年ごとに半数を改選) |
| 被選挙権 | 満（　B　）歳以上 | 満（　C　）歳以上 |

③ 衆議院の優越が認められていないものを，次のア～オから選びなさい。

　ア　憲法改正の発議　　イ　条約の承認　　ウ　内閣総理大臣の指名

　エ　法律案の議決　　オ　予算の議決

④ 記述 衆議院により強い権限が認められている理由を，「選挙による国民の意思」という観点から簡単に書きなさい。 思

成績評価の観点　技…資料活用の技能　思…社会的な思考・判断・表現

**❸ 内閣について，次の問いに答えなさい。**

(1) 右の図は，内閣と国会の関係をあらわしたものです。図中のⒶ，Ⓑにあてはまる語句をア〜エから選びなさい。

　　ア　内閣総理大臣の指名　　イ　違憲立法審査

　　ウ　公聴会の開催　　エ　連帯責任

(2) 右の図のように，内閣は国会の信任に基づいて成立し，国会に対してⒷを負うしくみを何といいますか。

(3) 内閣の仕事として，あてはまらないものを，ア〜エから選びなさい。

　　ア　天皇の国事行為に助言や承認を与える。

　　イ　予算案を作成する。

　　ウ　外国と交渉して条約を結ぶ。

　　エ　弾劾裁判所を設置する。

(4) [記述] 衆議院で内閣不信任案が可決された場合，内閣は何を行いますか。簡単に書きなさい。

　[思]

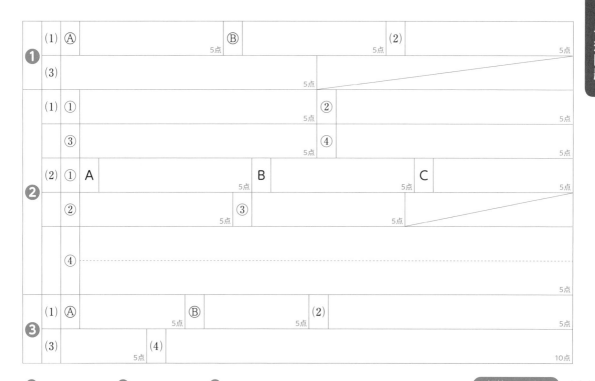

**❶ 裁判について，下の文章を読んで，次の問いに答えなさい。**　35点

> ₐ裁判の第一審は，ふつう，事件の内容によって（　①　）裁判所，地方裁判所，簡易裁判所にいずれかで行われる。わが国の裁判においては，３つの段階まで裁判を求めることができる（　②　）が採用されており，もし判決に不服であれば，上級の裁判所に（　③　），さらに上級の裁判所に（　④　）できるようになっている。

(1) ①〜④にあてはまる語句を書きなさい。

(2) 下線部 a について，①裁判官，②検察官，③弁護人にあてはまる文章を，ア〜エから選びなさい。

　　**ア** 起訴内容の誤りを指摘し，被告人を擁護。

　　**イ** 法律に基づき，判決を下す。

　　**ウ** 被疑者を調べ，裁判所に起訴する。

　　**エ** 刑事事件を捜査し，被疑者を逮捕する。

**❷ 三権分立について，右の図を見て，次の問いに答えなさい。**　45点

(1) 右の図中の①〜③にあてはまる語句を書きなさい。技

(2) 次の①〜⑤にあてはまるものを，右の図中のア〜カから選びなさい。技

　　① 衆議院を解散させる。

　　② 最高裁判所長官の指名と，その他の裁判官の任命。

　　③ 違憲立法審査。

　　④ 内閣総理大臣の指名。

　　⑤ 裁判官の弾劾裁判。

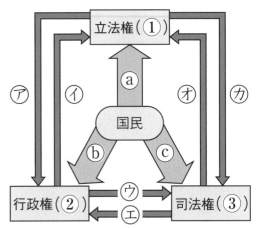

(3) 図中の@〜©の語句の正しい組み合わせを次のア〜ウから選びなさい。技

　　**ア** @任命　　⑥国民審査　　©指名

　　**イ** @選挙　　⑥世論　　©国民審査

　　**ウ** @世論　　⑥選挙　　©国民審査

成績評価の観点　技…資料活用の技能　思…社会的な思考・判断・表現

**❸ 地方行政について，下の文章を読んで，次の問いに答えなさい。** 20点

> 　国から地方に権力を分け，地方公共団体がより自主的に活動できるようにすることを（　①　）といい，わが国では，1999年に（　①　）一括法が制定された。地域の政治は住民の暮らしに深くかかわっており，ₐ地域の重要な問題に対して住民が直接参加して意思を表明する制度が保障されている。

(1) ①にあてはまる語句を書きなさい。

(2) 下線部 a について，直接請求のしくみについて，あてはまるものをア〜エから選びなさい。

　　**ア** 条例の制定を請求するには有権者の3分の1以上の署名が必要である。

　　**イ** 議員の解職請求は，首長しか行うことができない。

　　**ウ** 国が特定の地方自治体だけに関わる法律をつくる場合，住民投票は必要ない。

　　**エ** 議会の解散請求が認められた場合，住民投票で過半数の賛成があれば解散する。

(3) 記述 地方交付税が配分される目的を簡単に書きなさい。思

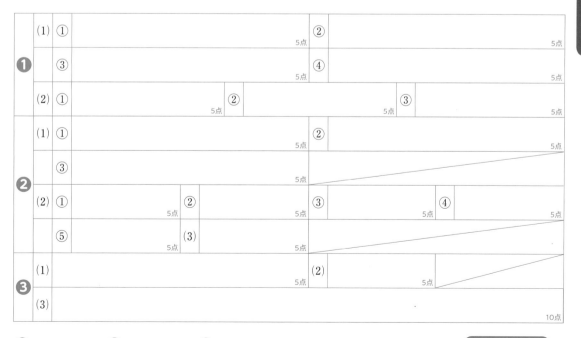

## 第4章
## 私たちの暮らしと経済

❶ 企業<sub></sub>について，下の文章を読んで，次の問いに答えなさい。　20点

> 企業には，（　①　）を上げることをめざす私企業と，公共性を重視している（　②　）とがある。私企業の中では会社企業が多く，なかでも a 株式会社は巨額の資本を集めやすい。株式会社の所有者は株主であるから，会社の経営方針の決定や役員の選出は（　③　）で行われる。

(1)　①〜③にあてはまる語句を書きなさい。

(2)　下線部 a について，株式会社を説明した文章としてあてはまるものを，ア〜エから選びなさい。
　　ア　株式は，資本金を小さな金額に分けたものである。
　　イ　株式会社の利益は，すべて配当として株主に分配される。
　　ウ　独立行政法人も株式会社の一種である。
　　エ　株式会社が倒産した場合，株主は会社の借金を返済しなければならない。

❷ 右のグラフを見て，次の問いに答えなさい。　25点

(1)　右のグラフは需要と供給の関係をあらわしたものです。グラフ中の⒜，⒝にあてはまる語句を書きなさい。

(2)　グラフ中の⒞は，需要量と供給量が一致したときの価格です。あてはまる語句を書きなさい。

(3)　記述 需要量が供給量を上回っている場合，商品の価格はどうなりますか。簡単に書きなさい。 思

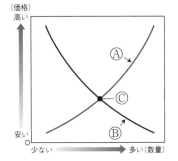

❸ 金融について，右の図を見て，次の問いに答えなさい。　25点

(1)　図中にある銀行は，融資する相手から利子を受け取り，預金者には利子を支払っています。融資する相手から受け取る利子と預金者へ支払う利子はどちらが高いですか。 思

(2)　図中の⒜は，日本の中央銀行です。この銀行を何といいますか。

(3)　図中の⒝〜⒟にあてはまる語句を，ア〜エから選びなさい。
　　ア　政府の銀行　　イ　銀行の銀行
　　ウ　発券銀行　　エ　市中銀行

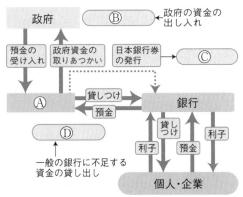

　成績評価の観点　　技…資料活用の技能　　思…社会的な思考・判断・表現

**❹ 財政について，下の文章を読んで，次の問いに答えなさい。** 30点

> ₐ政府が財政を行う際には，あらかじめ ₆予算をたて，その予算をもとに資源配分や ｃ税
> 金を主な財源として，歳入と歳出を管理している。また，財政の重要な役割の一つに ｄ景気
> を調節することがある。

(1) 下線部 a について，政府が税金を使って提供する公共サービスの具体例を一つ書きなさい。
   思

(2) 下線部 b について，特別な目的のための政府の予算を何といいますか。

(3) 下線部 c について，所得税は所得が多くなればなるほど税金を多く負担する制度がとられ
   ています。これを何といいますか。

(4) 下線部 d について，好景気のときに物価が上がり続ける現象を何といいますか。

(5) (4)のときに起こる出来事として，<u>あてはまらないもの</u>をア～エから選びなさい。
   ア　生産が拡大する。　　イ　在庫が増える。
   ウ　失業者が減る。　　エ　日本銀行が国債を売る。

定期テスト予想問題

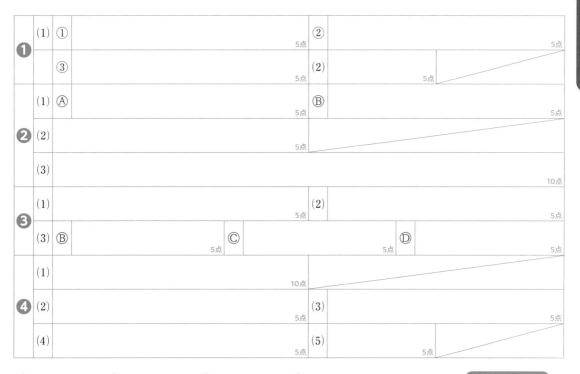

第5章
安心して豊かに暮らせる社会

❶ 日本の社会保障制度について，次の問いに答えなさい。 30点

(1) 社会保険の説明としてあてはまらないものを，ア〜エから選びなさい。

ア 社会保険には，医療保険や年金保険，介護保険などがある。

イ 医療保険と年金保険は，希望する人だけが加入して，保険料を支払う。

ウ 公的年金には，基礎年金と厚生年金がある。

エ 国や地方公共団体が，社会保険の給付のための費用の一部を負担している。

(2) 社会保障制度のうち，①公的扶助，②社会福祉，③公衆衛生にふくまれるものを，ア〜エからそれぞれ選びなさい。

ア 感染症対策 イ 雇用保険 ウ 児童福祉 エ 生活保護

(3) 記述 少子高齢社会が社会保障制度の財政に与える影響を，「高齢者」と「現役世代」の観点から簡単に書きなさい。思

❷ 公害・環境保全について，下の文章を読み，次の問いに答えなさい。 50点

戦後，日本が急速な経済発展をとげるにつれ，各地で環境汚染が起こり，特にa四大公害は大きな被害をもたらした。1967年に公害防止の法律として（ ① ）が制定された。また，1971年には（ ② ）庁が設置され，1993年にはさまざまな環境問題に取り組むために（ ③ ）が制定された。今後も将来の世代のために，b循環型社会の実現について考えていく必要がある。

(1) ①〜③にあてはまる語句を書きなさい。

(2) 環境汚染を未然に防ぐために，大規模な開発事業を行う際，周辺の環境にどのような影響があるか事前に調査・評価する制度を，ア〜エから選びなさい。

ア 3R イ 汚染者負担の原則 ウ バリアフリー エ 環境アセスメント

(3) 下線部aについて，右の地図の①〜④で起きた公害の名称をア〜エから選び，記号で答えなさい。技

ア 新潟水俣病 イ 水俣病

ウ イタイイタイ病 エ 四日市ぜんそく

(4) 記述 下線部bについて，循環型社会の実現にはどのようなことが必要ですか。「ごみ」という言葉を使って，簡単に書きなさい。思

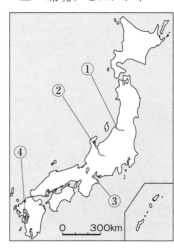

成績評価の観点 技…資料活用の技能 思…社会的な思考・判断・表現

**❸ これからの日本経済について，次の問いに答えなさい。** 20点

(1) 経済のグローバル化についてあてはまるものを，ア～エから選びなさい。

　　ア　経済のグローバル化には，情報は含まれない。

　　イ　アジアNIES(ニーズ)とは，韓国，中国，台湾，ホンコンのことである。

　　ウ　アフリカ諸国では，国の経済を工業や観光業などさまざまな産業で支えるモノカルチャー化がみられる。

　　エ　国内の企業が，賃金の安い労働力を求めて海外に移転することで産業の空洞化が起こり，日本国内の雇用は減少している。

(2) 日本の経済活動についてあてはまるものを，ア～エから選びなさい。

　　ア　日本では人工知能やビッグデータなどを使用した商品開発があまり進んでいない。

　　イ　人口や経済，政治などの拠点が首都圏に集中している現象を「関東一極集中」という。

　　ウ　工業重視の発展から，再生可能な自然資源を活用した発展を重視する考え方が広まっている。

　　エ　地方の農村では農林業が活発化し，高齢者より若い世代のほうが増えている。

(3) 記述 「六次産業化」とは何か，簡単に書きなさい。 思

定期テスト予想問題

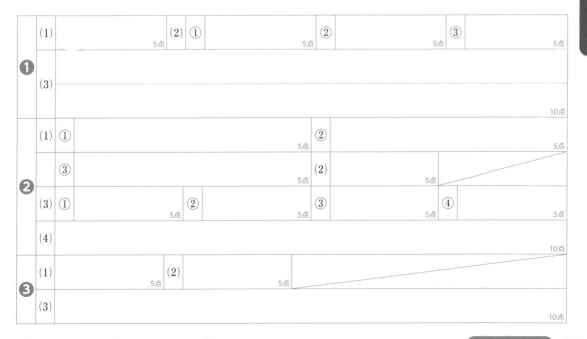

# 第6章　国際社会に生きる私たち
# 終章　私たちが未来の社会を築く

時間 30分　合格 70点　／100点

## ❶ 国家について，次の問いに答えなさい。　35点

(1) 国家は，主権をもつことにおいて平等であるという原則を何といいますか。

(2) 韓国による不法占拠が続く竹島が属する都道府県名を書きなさい。

(3) 右の図を見て，次の問いに答えなさい。

①　図中のⒶ〜Ⓒは領域をあらわしたものです。それぞれ何といいますか。技

②　記述 図中にある，排他的経済水域とはどの範囲をさすか，簡単に書きなさい。思

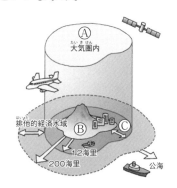

## ❷ 国連と国際社会について，下の文章を読んで，次の問いに答えなさい。　35点

……寛容を実行し，且つ，善良な隣人として互に平和に生活し，a国際の平和及び安全を維持するためにわれらの力を合わせ，共同の利益の場合を除く外は武力を用いないことを原則の受諾と方法の設定によって確保し，すべての人民のb経済的及び社会的発達を促進するために国際機構を用いることを決意して，これらの目的を達成するために，われらの努力を結集することに決定した。（前文一部）

(1) 上の文章は，ある憲章の前文の一部です。この憲章を何といいますか。

(2) 下線部aについて，右の図中のⒶには強い権限があたえられています。Ⓐにあたる機関を何といいますか。技

(3) Ⓐの常任理事国にあてはまらない国を，ア〜エから選びなさい。
　ア　イギリス　　イ　中国　　ウ　フランス　　エ　日本

(4) 図中のⒷは，すべての加盟国によって構成されています。このⒷにあたる機関を何といいますか。技

(5) 下線部bについて，次の問いに答えなさい。

①　図中のⒸの機関が専門機関と協力し合って，下線部bの仕事をおこなっています。Ⓒにあたる機関名を答えなさい。技
　ア　国連教育科学文化機関　　イ　経済社会理事会
　ウ　国連難民高等弁務官事務所　　エ　国際通貨基金

②　専門機関のひとつで，世界の人々の健康の維持などを図る活動を行っている機関を，ア〜エから選びなさい。
　ア　WHO　　イ　IAEA　　ウ　WTO　　エ　PKO

(6) 地域統合のうち，日本が参加しているものを，ア〜エから選びなさい。
　ア　APEC　　イ　NAFTA　　ウ　AU　　エ　EU

●国際連合の組織

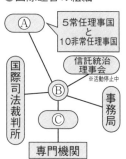

　成績評価の観点　技…資料活用の技能　思…社会的な思考・判断・表現

**❸ 国際社会が抱える課題について，次の問いに答えなさい。** 　20点

(1) 地域間の経済格差についてあてはまらないものを，ア～エから選びなさい。

　ア　南北問題とは，先進国と途上国の経済格差から生まれる問題のことである。

　イ　経済格差が広がる原因の一つに，途上国の工業化が進まないことがあげられる。

　ウ　途上国の中でも，USMCAとよばれる国や地域が登場し，経済発展を遂げている。

　エ　途上国では，深刻な貧困や飢餓などが問題となっている。

(2) 発電に使われる再生可能エネルギーを一つ書きなさい。囲

(3) 1997年のCOP 3 で採択された，先進国の温室効果ガスの削減義務を明記したものを，ア～エから選びなさい。

　ア　パリ協定　　イ　京都議定書　　ウ　名古屋議定書　　エ　NPT

**❹ 次の問いに答えなさい。** 　10点

(1) 記述 「SDGs」とは何か，「国際連合」「持続可能な未来」という言葉を使って，簡単に書きなさい。囲

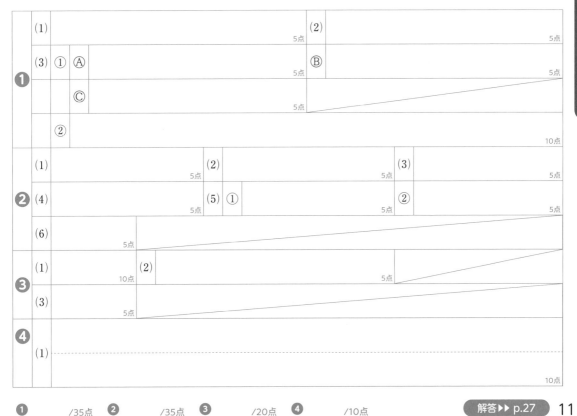

| ❶ | (1) | | | (2) | |
|---|---|---|---|---|---|
| | | | 5点 | | 5点 |
| | (3) ① Ⓐ | | 5点 | Ⓑ | 5点 |
| | Ⓒ | | 5点 | | |
| | ② | | | | 10点 |

| ❷ | (1) | | (2) | | (3) | |
|---|---|---|---|---|---|---|
| | | | | 5点 | | 5点 |
| | (4) | | (5) ① | | ② | |
| | | 5点 | | 5点 | | 5点 |
| | (6) | 5点 | | | | |

| ❸ | (1) | 10点 | (2) | | 5点 | |
|---|---|---|---|---|---|---|
| | (3) | 5点 | | | | |

| ❹ | (1) | | | | | |
|---|---|---|---|---|---|---|
| | | | | | | 10点 |

# 教科書ぴったりトレーニング 〈教育出版版・中学社会公民〉

## 解答集

この解答集は取り外してお使いください。

---

## 第1章 私たちの暮らしと現代社会

### p.6　ぴたトレ1

**1** ①グローバル化

**2** ②ICT　③インターネット　④AI　⑤SNS
⑥メディアリテラシー

**3** ⑦少子化　⑧高齢化　⑨少子高齢化
⑩核家族

### p.7　ぴたトレ2

**1** (1)イ
(2)インターネット

**2** (1)①ウ　②エ
③イ

**3** (1)少子高齢化
(2)核家族

⚠ミスに注意

**少子化と高齢化**

| 少子化 | 総人口に占める子どもの数が減る。 |
|---|---|
| 高齢化 | 総人口に占める65歳以上の人口が増える。 |

書きトレ！ (例)働く人が減ることで、国の経済力が低下する。

考え方
**1** (1)グローバルとは、英語で「球体」や「地球」を意味するグローブ(globe)が語源。グローバル化とは、企業の動きや巨額の資金、多くの人々が国境を越えて地球規模で大きく移動し広がっていくこと。

**2** (1)②SNSはインターネットを使って、世界中の人々がコミュニケーションをとることができるサービス。近年では企業や政治家の情報発信、緊急時の情報伝達手段としても活用されている。

**3** (1)65歳以上の人口が7％を越えると高齢化社会、14％を超えると高齢社会、21％を超えると超高齢社会と定義されている。

書きトレ！ 少子化が進むと、社会の中核を担う生産年齢人口(15歳以上65歳未満)が減少する。働く人の数が減ると、産業が衰退し、経済全体が悪化する恐れがある。

### p.8　ぴたトレ1

**1** ①科学　②iPS細胞　③技術革新　④宗教
⑤神道　⑥キリスト教　⑦芸術　⑧文化

**2** ⑨伝統文化　⑩海外(外国)

### p.9　ぴたトレ2

**1** (1)再生医療
(2)①ウ　②エ　③イ
(3)①節分　②お彼岸

**2** (1)ポップカルチャー(大衆文化)
(2)茶道

書きトレ！ (例)さまざまな宗教に対して寛容性や多様性がある。

考え方
**1** (1)(2)科学の進歩によって、特に医療分野では今まで困難だった多くの病気の治療が発展する可能性が出てきている。

**2** (1)日本の伝統文化やポップカルチャーは「クールジャパン」として世界に受け入れられている。これらの文化を産業化して、海外で展開する動きもある。

書きトレ！ 日本では、神道や仏教と結びつきながら、古くからの自然崇拝や祖先信仰が暮らしの中で大切にされてきた。さまざまな宗教に対して、一つの対象に偏ることなく受け入れるのが日本人の特徴である。

### p.10　ぴたトレ1

**1** ①家庭　②地域社会　③社会的存在　④他者
⑤対立　⑥合意　⑦契約

**2／3／4** ⑧効率　⑨公正　⑩個人の尊重

### p.11　ぴたトレ2

**1** (1)①ウ　②エ　③イ
(2)家庭生活、地域社会、学校生活などから1つ

**2** (1)①ウ　②オ　③ア　④エ
(2)手続き(の公正さ)

書きトレ！ (例)お互いの意見を出し合い、解決策を話し合って合意を目ざす。

**①** (2)職場，地方自治体，国，国際社会も社会集団である。私たちは誰もがさまざまな社会集団の中で成長し，たくさんの人と関わりあって生きている。

**②** 合意を目ざすためのルールをつくるときに必要なのが「効率」と「公正」の考え方である。公正には手続きの公正さのほか，結果の公正さ，機会の公正さがある。

**書きトレ!** 社会集団の中には立場や価値観の異なるさまざまな人がいることから，トラブルが起きることがある。お互いを尊重し，対立している部分を調整しながら，解決策を話し合うことが必要である。

**①** (1)核家族　(2)イ　(3)A　(4)超高齢社会

**②** (1)情報(化)社会

(2)(例)不正・有害な情報ではないかどうか見きわめること。

(3)グローバル化

(4)国際分業

**③** (1)キリスト教：オ　仏教：ア

(2)①エ　②イ　③ウ

(3)(例)さまざまな宗教に対して寛容性や多様性をもっている。

**⚠️ミスに注意**

**効率と公正**

| 効率 | 資源や手間を無駄なく使って，より大きな成果を得ること。 |
|---|---|
| 公正 | 公平で偏っていないこと。 |

**④** ①対立

②合意

③効率

④公正

**①** (2)イの平均寿命の延びは，高齢化が進むことの原因である。

(3)Bは高齢化率の推移を表したグラフである。日本は，2017年には高齢化率が27%を超え，世界で最も高齢化が進んだ国である。

**②** (2)情報社会が進展するにつれ，多くの情報からどの情報が的確か，判断する力が求められるようになっている。犯罪に巻き込まれる可能性も増加しており，注意することが大切である。

**③** (1)アお彼岸は，春分の日・秋分の日をそれぞれ中心とする七日間に営む仏事のこと。

イひな祭りは，3月3日にひな人形を飾り，白酒などを供えて女子の幸せを祝う行事。

ウ初詣は，新年の最初に神社や寺に参詣すること。

エ七夕は7月7日の夜に行われる年中行事。

オクリスマスは，キリスト教の始祖であるイエス・キリストの誕生を祝う日で12月25日。日本では，飾りつけや料理などを楽しむ行事として定着している。

(3)日本人の宗教観は，自然崇拝や祖先信仰に結びつけた神道や仏教が中心であるが，さまざまな宗教に対しても抵抗はなく，宗教への寛容性・多様性が見られる。

**④** 対立が生じたときは，お互いの意見を尊重しながら，合意へと導いていくことが必要である。それぞれの利害や考えを調整するためにルールをつくる際は，効率がよく，公正なルールとなっているかという考え方が重要で，ルールをつくっても，人々が納得し合意していなければ，ルールが守られない可能性がある。

**単元のココがポイント!**

第1章は現代社会の特徴である，「グローバル化」，「情報化」，「少子高齢化」という3つのキーワードが登場する。この後の単元にも深く関わってくる語句なので社会に与えている影響や問題点なども理解しておこう。

## 第 2 章 個人を尊重する日本国憲法

**p.14** ぴたトレ**1**

**1** ①専制政治 ②社会 ③世界人権宣言
④大日本帝国憲法

**2／3** ⑤権力分立 ⑥立憲 ⑦最高法規
⑧法の支配 ⑨日本国憲法 ⑩国民
⑪内閣

**p.15** ぴたトレ**2**

**1** (1)①マグナ・カルタ ②ロック ③ルソー
④アメリカ

(2)社会権

(3)世界人権宣言

**2** (1)1946年11月3日

(2)連合国軍最高司
令官総司令部(GHQ)

(3)①象徴 ②主権

⚠ミスに注意

**主権**
大日本帝国憲法の主権者は天皇，日本国憲法の主権者は国民である。

**書きトレ!** (例)国民主権，基本的人権の尊重，
平和主義。

**考え方**

**1** (1)マグナ・カルタは，1215年にイギリスでつくられた，イギリスの憲法の基礎となった文書。大憲章ともよばれる。
②ロックは民主政治を主張したイギリスの啓蒙思想家で，主著は『市民政府二論』。
③ルソーは，人民主権を主張したフランスの啓蒙思想家で。主著は『社会契約論』。ロック，ルソー，モンテスキューは，近代の人権思想に強い影響を与えた。
④アメリカ独立宣言は，イギリスの植民地支配から独立したことを宣言した文書で，民主主義の基本原理が掲げられている。
(2)ワイマール憲法は，人々の「人間らしく生きるための権利」(社会権)を，初めて保障した憲法である。

**2** (1)(2)日本国憲法は，連合国軍最高指令官総司令部(GHQ)が作成した案をもとに，議会での審議・修正を経て，1946年11月3日に公布，翌年5月3日に施行された。

**書きトレ!** 日本国憲法は，国民主権，基本的人権の尊重，平和主義という3つの考え方を基本的な原理としている。国民主権は，国民が主権をもち，政治のあり方を決めるという考え方。基本的人権は人間としての自由と権利のこと。平和主義は戦争や紛争を未然に

防ぎ，武力の行使を避ける考え方である。

**p.16** ぴたトレ**1**

**1** ①個人 ②幸福追求

**2／3** ③平等 ④同和対策審議会
⑤アイヌ文化振興 ⑥両性の本質的平等
⑦男女雇用機会均等
⑧セクシュアル・ハラスメント
⑨男女共同参画社会基本 ⑩障害者基本
⑪バリアフリー ⑫障害者差別解消

**p.17** ぴたトレ**2**

**1** (1)①基本的人権 ②生命
(2)法の下の平等

**2** (1)部落差別 (2)アイヌ文化振興法
(3)ヘイトスピーチ

**3** (1)男女雇用機会均等法
(2)① B ② A ③ A ④ B

**書きトレ!** (例)女性の採用を増やす，女性の管理職を増やす，男女の間で賃金に差をつけないなど。

**考え方**

**1** (1)科学技術の発展により，遺伝子組み換えや，生命を管理することができるようになった一方，尊厳死や安楽死を認めてほしいという主張もでてきている。生命とは何かを考えることは，人権を考えることにもつながっている。

**2** (2)2019年には，アイヌ施策推進法が施行されアイヌ文化の継承に向けた努力が続けられている。
(3)2016年には，ヘイトスピーチ対策法が制定され，差別的言動への対策が行われている。

**3** (2)①障がいのある人本人に話すことが必要である。
④盲導犬はペットではなく，身体の不自由な人を支援する補助犬にあたり，入店を拒否することは差別的取扱いにあたる。

**書きトレ!** 男女雇用機会均等法により，雇用や職場での男女差別は禁止されたが，女性の社会進出はあまり進んでいない。格差解消に向けて，さまざまな企業が自主的な取り組みをおこなっており，これらはポジティブ・アクション(アファーマティブ・アクション)と呼ばれる。

**ぴたトレ1**

4 ①自由 ②思想 ③表現 ④信教
⑤政教分離

5 ⑥令状 ⑦弁護人 ⑧黙秘(もくひ) ⑨冤罪(えんざい) ⑩土地

**ぴたトレ2**

1 (1)①イ ②ウ ③ア
(2)①ウ ②オ ③イ

2 (1)令状 (2)自白
(3)財産権 (4)地方自治体

書きトレ! (例)被告人は，取り調べや法廷で自分に不利益なことを話すよう強要されない。

考え方

1 (1)身体の自由はすべての自由権の基礎である。経済活動の自由は，財産の保障などを中心とした権利であり，日本国憲法では居住・移転・職業選択の自由・財産権の不可侵が保障されている。
(2)精神活動の自由について，思想・良心の自由，信教の自由，集会・結社・表現の自由，通信の秘密，学問の自由が保障されている。

2 (1)逮捕の場合には逮捕令状，身体や住居の捜索(さく)を行うときには捜索令状が必要である。

書きトレ! 第二次世界大戦前の日本では，拷問(ごうもん)などによる自白の強要が行われていた。日本国憲法では，身体の自由を徹底的に保障し，被告人には不利な供述を強制されない権利を認めている。

**ぴたトレ3**

1 (1)専制政治 (2)フランス人権宣言
(3)モンテスキュー (4)ワイマール憲法

2 (1)①国民 ②象徴 ③基本的人権
(2)1946年11月3日
(3)連合国軍最高司令官総司令部(GHQ)
(4)内閣

3 (1)女子差別撤廃条約
(2)セクシュアル・ハラスメント
(3)合理的配慮 (4)アイヌ文化振興法
(5)賃金に格差がある，会社の管理職などが少ない，育児休暇取得率が女性のほうが多いなど。

4 ア③ イ② ウ① エ①

考え方

1 (1)(2)近代以前は人々の意思を無視した専制政治が行われていたため，人々の間で国民の意思に基づいた政治，人権を尊重する政治を求める声が高まり，革命へと発展していった。1789年発表されたフランス人権宣言には，人間の自由や平等の権利，国民主権などが書かれている。

2 (3)大日本帝国憲法を全面的に改正するにあたり，日本政府はGHQの案をもとに，国民の自由と権利の保障や，議会の権限の拡大などの内容を盛り込んだ改正案を作成した。
(4)天皇は日本国の象徴として，国の政治に関する行為は行わずに形式的かつ儀礼的な国事行為のみを行う。天皇の国事行為には，内閣総理大臣の任命，最高裁判所長官の任命，内閣総理大臣による国務大臣の任免の認証，長官以外の最高裁判官の任免の認証，法律や条約の公布，国会の召集，衆議院の解散などがある。これらの行為には内閣の助言と承認が必要とされている。

3 (5)男女雇用機会均等法，男女共同参画社会基本法，女性活躍推進法などを制定し，社会における女性の活躍を図っているが，現状はなかなか進んでいない。

4 アは，居住・移転・職業選択の自由で保障されている。
イは，法廷の手続きによらなければ，逮捕や処罰されない自由で保障されている。
ウは，表現の自由で保障されている。
エは，信教の自由で保障されている。

**単元のココがポイント！**

人権の歴史は国名と内容をセットでおさえておく。国の基本法である日本国憲法は，大日本帝国憲法との違いを理解しておくと，国民主権，基本的人権の尊重，平和主義の三つの基本原理も覚えやすい。女性や障がい者，アイヌ民族などに対し現在も残る差別問題については，差別をなくすためにどのような法律が制定されたか関連づけるとよい。

**ぴたトレ1**

6 ①生存 ②文化的 ③生活保護
④介護(かいご)保険制度

7 ⑤義務教育 ⑥生涯学習 ⑦労働基準
⑧労働三法 ⑨団結交渉(こうしょう) ⑩団体行動(争議)

**ぴたトレ2**

1 (1)社会権 (2)生存権 (3)介護保険制度
2 (1)①義務教育 ②生涯学習
(2)労働基本権(労働三権) (3)団結権

書きトレ! (例)義務教育の無償化，夜間学級，高校の授業料無償化，高校生等奨学給付金，院内学級など。

考え方
1 (1)すべての人が人間らしい生活を求めるための権利である。生存権，教育を受ける権利，労働権などを社会権という。
(2)生存権は，社会権の最も基本となるもので，日本国憲法では「すべて国民は，健康で文化的な最低限度の生活を営む権利を有する」(第25条)と規定されている。
(3)介護サービスなどの費用は，40歳以上の人が支払う介護保険料と，私たちの納める税金でまかなわれている。
2 (2)労働基本権(労働三権)とは団結権，団体交渉権，団体行動権の３つを指す。

書きトレ! 日本国憲法第26条で，国民の誰もが等しく教育を受ける権利をもつことが保障されている。この趣旨に応じて，経済的な理由から学校に通えないということがないように，義務教育や高校の授業料無償化が行われている。また，さまざまな理由で中学校を卒業できなかった人が通う夜間学級や，入院している子どもたちが病院の中で授業を受けられる院内学級もある。

**p.24** **ぴたトレ1**

8 ①選挙 ②被選挙 ③国民投票 ④国民審査 ⑤住民投票 ⑥請願 ⑦国家賠償請求
9 ⑧公共の福祉 ⑨普通教育 ⑩納税

**p.25** **ぴたトレ2**

1 (1)①カ ②オ ③エ (2)請願権
(3)DV(ドメスティック・バイオレンス)
2 (1)①普通教育 ②勤労 ③納税

書きトレ! (例)社会全体の利益を優先する場合など，例外的に人権の制約を認めること。

考え方
1 (2)請願権は，国民が国または地方公共団体に対して，政治的な要求をする権利。年齢や国籍を問わず，日本に住むすべての人々に認められている。

2 日本国憲法では，国民の義務として子どもに普通教育を受けさせる義務，勤労の義務，納税の義務の三つを規定している。このほか，天皇や，国会議員・裁判官などの公務員には，憲法を尊重し擁護することが義務づけられている。

書きトレ! 日本国憲法は，国民が社会で共同生活を営んでいくために，公共の福祉を定めている。公共の福祉とは，社会全体の利益という意味で，個人の間の人権が衝突した際に調整を行う役割があるが，憲法では公共の福祉を理由として個人の権利が制限される場合には，「必要かつ最小限」のものでなければならないとしている。

**p.26** **ぴたトレ1**

10 ①環境 ②国民 ③情報公開
④プライバシー ⑤個人情報保護
⑥自己決定
⑦インフォームド・コンセント
11 ⑧世界人権宣言 ⑨国際人権規約
⑩NGO
⑪子どもの権利条約(児童の権利に関する条約)

**p.27** **ぴたトレ2**

1 (1)①ウ ②イ ③ア
(2)自己決定権
2 (1)①ウ ②イ ③エ

書きトレ! (例)情報化の進展や科学技術の発達により，日本国憲法が制定されたときにはなかった，新たな問題がうまれたから。

考え方
1 (1)新しい人権は，まだ日本国憲法には明確には規定されていないが，「幸福追求権」(第13条)や「生存権」(第25条)をもとに保障されるべきだと考えられている。
エ嫌煙権は，他人の喫煙による煙の被害を受けない権利のことで，公共の交通機関や飲食店，病院，学校などで分煙化や禁煙が進んでいる。
2 ア障害者権利条約は，障がいのある人の人権を確保し，権利の実現に向けた取り組みを規定した条約で，日本は2014年に批准。

イ女子差別撤廃条約は，女性に対する差別をなくすことを目的とした条約。

ウ世界人権宣言は，基本的人権を，自由権，参政権，社会権に分け，それぞれについて広い人権を認めている。法的な拘束力はない。

エ子どもの権利条約は，戦争や飢饉による飢えに苦しむ子ども，貧しさから通学できない子ども，親に虐待されている子どもの人権を守るための条約。1989年に国連で採択され，18歳未満の子どもへの差別の禁止，子どもによる意見表明権などを保障した。

**書きトレ!** 新しい人権の一つである環境権は，戦後の経済の発展から，環境汚染が進んだことにより提唱された権利である。このように，科学技術が発展し，情報化が急速に進んだことで，日本国憲法が公布されたころには考えられなかった問題が起きており，新しい人権への理解と対応が求められている。

### p.28　ぴたトレ1

1 ①前文　②9　③永久放棄　④武力
　⑤必要最小限度　⑥文民
2 ⑦日米安全保障　⑧基地　⑨日米安保共同
　⑩国際平和協力　⑪カンボジア

### p.29　ぴたトレ2

1 (1)第9条
　(2)戦争の永久放棄，戦力の不保持，国の交戦権の否認(順不同)
　(3)文民統制(シビリアン・コントロール)
2 (1)日米安全保障条約
　(2)国際平和協力法(PKO協力法)

**書きトレ!** (例)核兵器を「持たず，つくらず，持ち込ませず」という考え方。

**考え方**
1 (3)文民とは，職業軍人ではない人のこと。
2 (1)日米安全保障条約は，日本の安全と東アジアの平和を守るために結ばれた条約で，これにより日本国内でのアメリカ軍の駐留が認められている。1950年に韓国と北朝鮮の間で起こった朝鮮戦争は，東側諸国が勢力の拡大をねらったものであると，日本やアメリカが判断したことから，日本に米軍基地を残すこととなった。

**書きトレ!** 核兵器を「持たず，つくらず，持ち込ませず」という三原則は，1971年の国会において決

議された。

### p.30〜31　ぴたトレ3

1 (1)①生活保護法　②義務教育　③知る権利
　④(例)個人情報の流出により，プライバシーが侵害される。
　(2)①第9条　②非核三原則
　(3)①アA　イB　ウC　エA　オC
　②ア普通教育
　　イ勤労
　　ウ納税

2 (1)①カ　②エ
　③イ
　(2)日米安全保障条約
　(3)ア

**⚠ミスに注意**

**請求権と請願権**

| | |
|---|---|
| 請求権 | 私たちの人権が侵害された時，国に対して一定の行いをすることを要求できる。 |
| 請願権 | 国や地方自治体に直接要望を訴えることができる。 |

**考え方**
1 (1)①憲法によって国民は「健康で文化的な最低限度の生活を営む権利」が保障されている。生活保護法は，収入が減り，生活に困っている人たちに必要な保護を行い，自立を助けることを目的としている。④情報化が進み，私たちの個人情報や私生活が，自分の知らない間に公開される可能性が高くなっている。個人情報や私生活を守る権利が裁判で認められ，個人情報保護法によって保障されている。
　(3)①Aの社会権は，すべての人が人間らしい生活を送るための権利で，アは生存権，エは教育を受ける権利にあてはまる。Bの参政権は，国民が政治に参加する権利で，イは国民が代表者を選ぶ選挙権にあてはまる。Cの請求権は，基本的人権を侵されたり，不利益な扱いを受けたりしたときに，国に対して一定の救済を求める権利で，ウは裁判を受ける権利，オは刑事補償請求権にあたる。
2 (3)1991年の湾岸戦争をきっかけとして，1992年に国際平和協力法(PKO法)が成立し，自衛隊は国連PKO活動の一環としてカンボジアに派遣された。自衛隊はほかにも，国外の戦争や紛争時に，米軍や英軍などの治安維持活動の後方支援を行うために，政府が「非戦闘地域」と規定する現地に派遣され，さまざまな活動を行っている。

社会権，参政権，請求権，新しい人権はそれぞれ内容を覚えておく。特にプライバシーの権利とSNSの問題は身近な問題なので，どのような行為に問題があるか整理しておくとよい。日本国憲法が掲げる平和主義と自衛隊の役割については，アメリカとの関係もあわせて理解すること。

## 第3章 私たちの暮らしと民主政治

**p.32** ぴたトレ1

1 ①民主政治 ②独裁政治 ③直接民主
④間接民主 ⑤多数決
2/3 ⑥普通選挙 ⑦公平選挙 ⑧秘密選挙
⑨小選挙区 ⑩比例代表
⑪小選挙区比例代表並立 ⑫18

**p.33** ぴたトレ2

1 (1)直接民主
(2)①間接民主制
（議会制民主主義または代議制）
②多数決
2 (1)普通選挙
(2)比例代表制
3 (1)18歳
(2)一票の格差

書きトレ！ (例)投票日に投票にいけない場合，投票日の前日までに投票ができる。

考え方
1 (2)①日本を含めほとんどの国では，自分たちの意見を代表する人を選び，選ばれた人が議会で話し合って物事を決める間接民主制（代議制，議会制民主主義）がとられている。一方，直接民主制は，国民が直接政治に参加する制度である。
2 (2)比例代表制は，政党の名前を書いて投票し，得票数に応じて政党に議席を配分するしくみ。
3 (2)現在の日本では，議員一人当たりの有権者数に2倍以上の差がつく選挙区が存在している。選挙区によっては少ない得票で当選しているのに対し，得票数が多くても落選することがあり，選挙の無効を問う訴訟が起こっている。

書きトレ！ 冠婚葬祭や仕事などで，投票日に投票することができない場合，投票日の前日までの間に投票することができる。

**p.34** ぴたトレ1

4 ①公約 ②与党 ③野党 ④二党(二大政党)
⑤多党 ⑥連立政権 ⑦政党交付金
5 ⑧世論 ⑨マスメディア
⑩フェイクニュース

**1** (1)①イ　②ア
　(2)①二党制（二大政党制）　②国（庫）

**2** (1)世論調査
　(2)エ

書きトレ! （例）複数の情報源を比べる，どのような取材やデータに基づいているのか確認する，など。

考え方

**1** (2)①日本は三つ以上の政党が存在する多党制である。

**2** (2)エAIは人工知能のこと。言語の理解，判断などを人間に代わってコンピューターが行うことを目的としており，さまざまな分野での活躍が期待されている。

書きトレ! マスメディアの情報は，発信している会社の立場や考え方によって，同じ問題を取り扱っていても内容や論調が異なる場合がある。また，フェイクニュースと呼ばれる，虚偽の情報が報道されることもある。そのため，常に複数の情報源を比べること，データの根拠は何か，どのような取材が行われたかなど，自分で確認してから問題について考えることが重要である。

**1** ①最高機関　②立法機関　③常会（通常国会）
　④臨時会（臨時国会）　⑤参議院
　⑥内閣総理大臣　⑦衆議院の優越

**2** ⑧予算　⑨国政調査　⑩弾劾裁判　⑪委員会
　⑫公聴会　⑬議員立法

**1** (1)特別会（特別国会）
　(2)イ

**2** (1)①（国会）議員　②公聴会　③天皇
　(2)両院協議会　(3)閣法

書きトレ! （例）衆議院は参議院に比べて任期が短く，解散もあるので，国民の意思をより強く反映していると考えられるから。

考え方

**1** (2)イ憲法改正の発議は，衆議院と参議院それぞれの本会議にて3分の2以上の賛成で可決した場合に，国会が行うしくみとなっている。

**2** (2)国会の審議の際に衆議院と参議院の議決が異なった場合，それぞれの院の代表からなる両院協議会が開催され，意見の調整が行われる。両院協議会を開いても意見が一致しない場合は，衆議院の議決が国会の議決となる（衆議院の優越）。

書きトレ! 衆議院と参議院は原則として同じ権限をもっており，国会の議決には両院それぞれの議決の一致が必要であるが，一致しないときに政治が止まってしまうのを避けるために，いくつかの決定には衆議院に強い権限を認めている。参議院に比べて衆議院の任期は4年と短く，任期満了前に解散することがある。そのため，選挙による国民の意思を，参議院よりも強く反映していると考えられている。

**3** ①内閣　②内閣総理大臣　③国務大臣
　④閣議　⑤議員内閣　⑥内閣不信任案
　⑦総辞職　⑧公務員

**4** ⑨行政改革　⑩規制緩和　⑪独立行政法人
　⑫小さな政府

**1** (1)①内閣総理大臣（首相）　②解散
　　③国会議員
　(2)議院内閣制
　(3)助言，承認（順不同）

**2** (1)民営化
　(2)独立行政法人

書きトレ! （例）高い税金を支払わなければならないが，福祉などの行政サービスが充実している。

考え方

**1** (2)内閣総理大臣は国会で指名され，与党の党首が内閣総理大臣になるため，内閣と国会が協力して政治を進めることができる。

**2** (1)行政の役割が拡大するにつれ，費用や公務員の数も増え，税金が多く使われるようになってきた。また，行政の介入が増え，自由な経済活動が妨げられるおそれもでてきたことから，大きくなりすぎた行政の仕事を整理し，民間に移す動きが1980年代ごろから進められてきた。日本郵政グループのほかに，日本電信電話公社→NTTグループ，

日本専売公社→日本たばこ産業株式会社
(JT)，日本国有鉄道→JRなどがある。

**書きトレ！** 「大きな政府」の代表である北欧の国々などは，税金が高い分国民の負担は重いが，医療や福祉が充実している。一方，「小さな政府」は，税金は安いが，医療保険の保険料などは自己負担であり，保険料を支払わないと必要な医療を受けられない。

**p.40～41** 　　　　　　　　　ぴたトレ3

① (1)間接民主制(議会制民主主義または代議制)
　(2)独裁政治
　(3)(例)少数意見の人の権利が否定されないようにする。

② (1)①小選挙区制
　　　②比例代表制
　(2)死票
　(3)①
　(4)小選挙区比例代表並立制
　(5)①ア　②ウ
　(6)(例)選挙や議会で決定したことへの信頼感の低下につながる。

③ (1)①内閣総理大臣　②連帯責任　③国務大臣
　(2)ウ，オ，カ(順不同)　(3)エ

**⚠ミスに注意**

**間接民主制と直接民主制**

| 間接民主制 | 代表者を選び，代表者が議会に集まって話し合う。 |
|---|---|
| 直接民主制 | 国民自らが直接政治に参加する。 |

**考え方**

① (3)多数決の原理は，討論の自由とともに民主主義の基本原理であるが，決定の前に少数意見を尊重することが必要である。

② (1)日本を含む多くの国では，大きく分けて小選挙区制と比例代表制がとられている。小選挙区制は，一つの選挙区から一人の議員を選出する制度。比例代表制は，政党の名前を書いて投票し，得票数に応じて政党に議席を配分する制度。
　(2)死票とは，有効投票ではあるが，選挙に当選した人以外の人(落選した人)に投じられた票のこと。
　(6)選挙は国民の意思を政治に反映するしくみであるため，選挙に参加する人が少なければ，選挙結果やその後の議会の決定が，本当に国民の意思を反映しているか分からず，信頼性の低下につながる。

③ (2)衆議院の優越が認められている事項としては，法律案の議決，予算の先議権と議決，

条約の承認，内閣総理大臣の指名，内閣不信任の決議がある。
　(3)ア，イは国会の仕事である。ウは内閣不信任案が可決されると，内閣は衆議院の解散を選ぶことができる。

**単元のココがポイント！**

小選挙区制と比例代表制のしくみは図を使うと理解しやすい。衆議院の優越，国会・内閣の仕事は混同しないように注意。例えば予算を「作成する」のか「議決する」のか，条約を「結ぶ」のか「承認する」のかなど，項目ごとに整理しておく。

**p.42** 　　　　　　　　　ぴたトレ1

⑤ ①司法　②最高裁判所　③国民審査
　④三審制　⑤控訴　⑥上告

⑥ ⑦民事　⑧原告　⑨被告　⑩和解　⑪刑事
　⑫被疑者　⑬起訴

**p.43** 　　　　　　　　　ぴたトレ2

① (1)①裁判官　②良心
　(2)司法権の独立　(3)控訴

② (1)被告　(2)調停　(3)国選弁護人
　(4)「疑わしきは罰せず(被告人の利益に)」の原則
　(5)ア

**書きトレ！** (例)公正かつ慎重な裁判を行い，間違った判決を防ぐため。

**考え方**

① (2)司法権の独立とは，裁判所がほかの権力から圧力や干渉を受けないように，国会，内閣などの機関から独立していること。裁判官の身分は保障され，心身の故障や弾劾裁判による罷免，国民審査で罷免とされた場合などを除いて，やめさせられることはない。
　(3)地方裁判所，家庭裁判所，簡易裁判所などで最初に行われる裁判を第一審といい，その判決に不服な場合は上級の裁判所へ控訴することができる。そこでの判決にも不服な場合は，さらに上級の裁判所へ上告することができる。

② (1)民事裁判では，訴えた側を原告，訴えられた側を被告という。民事裁判では被告人席はなく，原告側と被告側が向かい合う。

社会　**9**

(5)**イ**の行政裁判は，民事裁判とほぼ同じような手続きで行われる。
**ウ**は弁護人ではなく検察官が正しい。
**エ**は再審制度があり，確定した判決に重大な誤りがあると認められた場合，裁判のやり直しが認められている。

**書きトレ!** 同じ事件について，三段階で裁判を求めることができる制度を三審制という。裁判所の判決は，人生を左右する重大なものであるため，より公正で慎重に裁判を行うために設けられた制度である。

| p.44 | ぴたトレ1 |

**7** ①法テラス　②裁判員制度　③刑罰
④被害者参加制度

**8** ⑤三権分立　⑥憲法　⑦違憲立法審査
⑧違憲　⑨法の番人

| p.45 | ぴたトレ2 |

**①** (1)①オ　②ウ　③エ
(2)法テラス（日本司法支援センター）

**②** (1)①国会　②内閣　③司法権
(2)三権分立　(3)法の番人

**書きトレ!** （例）お互いを抑制することで，権力の濫用を防ぐこと。

**考え方**
**①** (1)2009年から始まった裁判員制度は国民が裁判に参加する制度で，重大な刑事事件において，国民の中から選ばれた6名の裁判員が3名の裁判官といっしょに証拠を調べ，被告人や証人に質問をして，被告人が有罪か無罪かを判断する。裁判員裁判での判決は過半数で決せられるが，多数決の中に最低1名の裁判官の賛成がなければ決まらない。

**②** (1)図中の違憲立法審査とは，最高法規である憲法に違反するような法律や規則が制定されることがないよう，裁判所が判断する権限のこと。法令審査権，違憲審査権ともいう。

**書きトレ!** 国の権力には強制力があるため，一つの機関に権力が集中することで，それが濫用されるのを防いでいる。

| p.46 | ぴたトレ1 |

**1** ①過疎　②過密　③地方自治　④学校
⑤地方分権　⑥対等

**2** ⑦地方公共団体　⑧行政サービス　⑨首長
⑩条例　⑪オンブズマン　⑫直接請求
⑬住民投票

| p.47 | ぴたトレ2 |

**①** (1)地方分権　(2)民主主義　(3)条例

**②** (1)エ
(2)①首長　②監査請求　③選挙管理委員会
④住民投票

**書きトレ!** （例）議会は首長の方針に反対であれば不信任の議決ができる。これに対して，首長は議会の解散権をもっている。

**考え方**
**①** (1)1999年，地方分権一括法の制定や地方自治法の改正により，国の仕事の多くを，地方公共団体に委ねた。
(2)地方自治はさまざまな住民が参加して，身近な地域の問題解決を目ざすことから，「地方自治は民主主義の学校」とよばれる。

**②** (1)地方公共団体の主な仕事には，学校や図書館などの設置，住民の健康管理，上下水道やごみ処理場などの整備，消防や交通の取り締まりなどの行政サービスや，高齢者の介護，生活に困っている人の支援などがある。
(2)④住民投票制度は，住民が地域の重要な問題について，直接賛否を表すことができる制度。

**書きトレ!** 首長の不信任決議を行う場合，議会は議員の3分の2以上が出席し，その4分の3以上の賛成が必要である。議員も首長も住民によって選ばれており，どちらかが強くなりすぎないようなしくみになっている。

| p.48 | ぴたトレ1 |

**3** ①地方税　②地方交付税　③国庫支出金
④消費税率

**4** ⑤少子高齢　⑥市町村合併　⑦NPO

| p.49 | ぴたトレ2 |

**①** (1)地方交付税
(2)法定外税
(3)消費税

**2** (1)協働

(2)ア

書きトレ! (例)地域によって，住んでいる人や大きな
企業の数，産業の規模が違うから。

考え方

**1** (1)地方交付税は使い道を自由に決めることが
できる財源である。一方，国庫支出金は義
務教育，福祉など特定の活動にのみ使うこ
とができる。

**2** (2)2002年，近隣の市町村で合併すれば国から
の財政支援が強化される「合併特例法」の改
正・施行により全国で市町村合併が進んだ。
合併によって仕事の効率化が期待される一
方，地域の独自性が薄れる，住民の声が届
きにくくなるといった心配もある。

書きトレ! 上位三県は人口が多く，大きな企業の数も
多いことから，住民が納める地方税が多い。
地方交付税は，住民や産業が少ないなどの
理由で，地方税などだけでは必要な収入が
まかなえない地域に多く配分される。

---

p.50～51 **ぴたトレ3**

**1** (1)A 高等裁判所　B 最高裁判所

(2)オレンジの矢印：イ　青の矢印：ウ

(3)三審制

(4)(例)公正で，慎重な裁判を行うため。

**2** (1)①民事裁判

②被告

(2)①被疑者

②検察官(検事)

(3)①裁判員制度

②イ

**⚠ミスに注意**

被疑者と被告人

| 被疑者 | 犯罪の疑いがあり，捜査の対象になっている人。起訴はまだされていない。 |
|---|---|
| 被告人 | 検察官に起訴された被疑者。 |

**3** (1)ウ

(2)違憲立法審査権

(法令審査権，違憲審査権)

(3)エ

**4** (1)①ア　②ウ

(2)(例)医療や介護などの分野で支出が増える
一方，地方税などの収入が減り，財源の確
保が難しくなっている。

考え方

**1** (1)A 高等裁判所は東京・大阪・名古屋・広島・
福岡・高松・仙台・札幌の8か所にある。
B 最高裁判所は一つしかなく，東京にある。

---

(3)三審制とは，同じ事件について三段階まで
裁判を求めることができる制度で，より公
正で慎重に裁判を行うためのしくみである。

**2** (1)民事裁判は，お金の貸し借りや土地の売り
買い，相続，家族関係の争い，交通事故の
損害賠償などの個人間のもめごとがあった
ときの裁判。どちらか一方が訴えることで
裁判が始まり，訴えた側を原告，訴えられ
た側を被告という。

(3)学生や生徒は，裁判員に選ばれても辞退す
ることができる。

**3** (1)国民審査は，任命後と，任命から10年後の
衆議院議員選挙のときに，裁判官を罷免す
るかどうか国民が投票する制度。国民投票
は国政の重要な事について国民が直接行う
投票のことで，日本では憲法改正の際に行
われる。

(3)内閣が行うのは最高裁判所長官の指名であ
り，弾劾裁判は国会の仕事である。下級裁
判所の裁判官，高等裁判所の長官は，最高
裁判所が指名した者の名簿によって内閣が
「任命」する。「指名」と「任命」，「高等裁判所」
と「最高裁判所」を混同しないよう注意した
い。

**4** (2)少子化により働く人が減ることで地方税な
どの収入が減る。また，高齢化が進むと，
医療や介護に関する支出が増える。高齢化
が進行し，自主財源だけで必要な収入をま
かなえない地方自治体も出てきている。

---

**単元のココがポイント!**

裁判の種類やしくみは，似たような語句が多く混同し
やすいため注意する。三権分立は国会・内閣の仕事も
復習しながらおさえるとよい。地方自治については，
直接請求のしくみが頻出。種類と必要な署名の数など
をおさえておく。

**p.52** ぴたトレ1

1 ①消費 ②サービス ③家計 ④貯蓄
2 ⑤消費者基本 ⑥製造物責任
⑦クーリング・オフ
3 ⑧小売業 ⑨商業 ⑩インターネット

**p.53** ぴたトレ2

◆ (1)①所得 ②税金 ③消費
◆ (1)消費者基本法 (2)クーリング・オフ制度
◆ (1)POS(販売時点情報管理)システム
(2)ウ

書きトレ! (例)カードを発行している会社が一時的に代金を支払い,カードを利用した人が後日カード会社に代金を支払う。

考え方
◆ (1)所得から税金や社会保険料などを差し引いた,私たちが自由に使えるお金のことを可処分所得という。
◆ (1)消費者基本法は,1968年に制定された消費者保護基本法を改正したもの。この法律に基づき,消費者からの苦情や相談を受け付ける消費生活センターが全国各地に設置された。
(2)クーリング・オフ制度は訪問販売などで商品を購入した後,一定期間内であれば理由に関係なくその契約を解除できる制度。
◆ (2)問屋は小売業とつくった人を結ぶ卸売業である。

書きトレ! クレジットカードはカード会社が消費者の代わりにお店に代金を支払い,消費者は将来決まった期日にカード会社に代金を支払うしくみである。現金をもたずに買い物できる便利さがある反面,お金の使いすぎを招くなどの問題点も指摘されている。

**p.54** ぴたトレ1

1 ①起業 ②資本 ③労働力 ④資本主義経済
2 ⑤個人企業 ⑥会社企業 ⑦公企業
⑧独立行政法人
3 ⑨株式 ⑩株主 ⑪株主総会
⑫企業の社会的責任

**p.55** ぴたトレ2

◆ (1)資本主義経済 (2)知的財産
◆ (1)ア (2)組合企業
◆ (1)①イ ②ウ ③エ ④ア

書きトレ! (例)株主は出資金を失うが,会社の借金などを返す義務はない。

考え方
◆ (2)資本,店などを建てるための土地,労働力をあわせて生産の3要素という。特許やノウハウなどの知的財産を含める場合もある。
◆ (1)イ～エは公企業である。
◆ (1)株式会社の基本的なしくみは覚えておこう。株主は,会社の経営には直接には参加しないが,株主総会に出席して会社の経営にかかわる。直接会社を経営するのは,株主総会で選ばれた取締役などの専門の人である。

書きトレ! 株式会社が倒産すると株式の価値がなくなるため株主は出資金を失うが,会社の借金を返す義務などを負う責任はない。

**p.56** ぴたトレ1

4 ①労働契約 ②労働基準 ③非正規労働者
④労働基準監督署 ⑤労働組合
⑥労働関係調整
5 ⑦終身雇用 ⑧年功序列賃金 ⑨能力給
⑩ワーク・ライフ・バランス

**p.57** ぴたトレ2

◆ (1)①エ ②ア ③オ ④カ ⑤イ
(2)労働組合法
◆ (1)終身雇用 (2)派遣社員
(3)ワーク・ライフ・バランス

書きトレ! (例)働く時間や日数を選べるのが長所だが,賃金が安く雇用も安定していないため正社員との間に経済的格差がある。

考え方
◆ (2)労働三権は団結権・団体交渉権・団体行動権のこと。これらを保障した労働組合法,労働条件の最低基準を定めた労働基準法,使用者と労働者の関係を正常にするための労働関係調整法の三つを合わせて,労働三法という。
◆ (1)日本では,大企業を中心に,就職してから定年まで同一の企業で働く終身雇用や,年功序列賃金が採用されていた。近年では維

持することが難しくなり，制度を見直す企業が増えている。

(3)少子高齢化が進み，労働力人口が減少する中で，女性の労働力を増やすためにも，ワーク・ライフ・バランスの実現に向けた取り組みが重要である。

書きトレ! 派遣社員などの非正規社員は，働く日数や時間を選べるため，家庭や学校など自分の時間を活用できるメリットがある。しかし，非正規社員の多くは雇用や賃金についての保障がなく，将来の見通しを立てづらい状況にある。

p.58〜59 ぴたトレ3

❶ (1)クーリング・オフ制度

(2)消費者契約法

(3)ア×　イ○　ウ○

(4)(例)流通業者の連絡費用が下がった，消費者が生産者から直接購入をすることができるようになった，など。

❷ (1)①ウ　②ア
　　③オ　④カ
　　⑤エ　⑥イ

(2)有限責任制

(3)CSR

⚠ミスに注意

**消費者基本法と消費者契約法**

| 消費者基本法 | 消費者保護基本法を改正。消費者の権利などを明確化。 |
| --- | --- |
| 消費者契約法 | 業者の不当な勧誘があった場合，消費者は契約を取り消すことができる。 |

❸ (1)労働基準法

(2)ウ

❹ (1)52.6（%）

(2)(例)出産・育児で退職すると，正社員への復職が難しいから。

考え方

❶ (3)私たちはふだんの暮らしの中で，必要なものをお金と交換する形で手に入れており，交換は売り手と買い手の利害が一致して「契約」が結ばれることで行われる。契約は口頭だけで行われる場合もある。

❷ (1)資本金を小さな金額の株式に分けて出資者を集める会社を株式会社といい，株式を買った人を株主という。一般的に，株主は会社の経営に直接参加せず，重要事項を決定する株主総会で選ばれた専門の経営者（取締役）が会社を経営する。株式会社が利益を出した場合，株主は持っている株式の数に応じて配当を得る。

(3)CSR（企業の社会的責任）とは，企業活動が社会に及ぼす影響や害悪について企業が負うべき責任のこと。生産方法を選ぶ際に環境への影響を考えること，男女とも働きやすい条件をそろえること，個人情報を慎重に保護することなど，利益の追求とともに重視している。

❸ (2)18歳ではなく15歳未満の児童の雇用を禁止している。

❹ (2)グラフのＡが女性，Ｂが男性である。現在，日本の労働力の約半数は女性だが，出産・育児で一度退職すると，保育園が少ないことなどを理由に正社員として再び働くことが難しい。ワークシェアリングや在宅ワークなど，さまざまな働き方も考えていく必要がある。

**単元のココがポイント!**

第4章では，経済を動かす「家計」「企業」「政府」を学習する。このうち，「企業」については，株式会社のしくみは図で出題されることが多い。株主と株式会社の関係，それぞれの役割を復習しておく。働く人を取り巻く環境はグローバル化や少子高齢化の問題とも関連付けて考えよう。

p.60 ぴたトレ1

❶ ①安く　②高く　③均衡価格　④市場経済
　⑤効率性

❷ ⑥独占禁止　⑦公正取引委員会　⑧公共料金

p.61 ぴたトレ2

◆ (1)①需要曲線　②供給曲線

(2)値段：300円　個数：40個

◆ (1)①消費者　②公正取引

(2)独占価格

書きトレ! (例)家計の所得に関わらず，公平に供給する必要があるから。

考え方

◆ (1)需要曲線は消費者が買いたいと思う量，供給曲線は売り手が売りたいと思う量を示している。価格が安いときは消費者は商品をたくさん買うが，高いと買おうとしないので，需要曲線は右下がりになる。一方，価格が安いと売り手は商品を売ろうとしないが，高いとたくさん売ろうとするため，供

給曲線は右上がりになる。

(2)消費者が買いたいと思う量である需要量と，売り手が売りたいと思う量である供給量が等しくなったときの価格を均衡価格という。問題のグラフの，需要曲線と供給曲線が交わった黒い点に該当する商品の価格と取引量を書けばよい。

② (1)(2)市場を独占する企業が一方的に決める価格を独占価格という。一つの企業が市場を独占してしまうと競争が活発でなくなり，市場で実際に取り引きされるときの価格（市場価格）を均衡価格へ導くしくみ（市場メカニズム）がうまく機能しなくなることがある。そのため独占禁止法では，生産者どうしで相談をして，競争を避ける取り決めを行うことなどを禁止している。独占禁止法は，公正取引委員会によって運営されており，不当な商品表示の取り締まりなど企業の活動を監視する役割も，公正取引委員会になっている。

書きトレ! 水道や電気，ガスなどは生活に不可欠なものであり，所得に関係なく公平に供給される必要があるため，市場メカニズムに委ねると，国民生活へ大きく影響が出る場合がある。そのため，これらの価格は政府や地方公共団体が管理している。

---

p.62　ぴたトレ1

1 ①預金　②融資　③決済　④日本銀行
　⑤発券銀行
2 ⑥株式市場　⑦株価　⑧投機
3 ⑨資源配分　⑩再分配　⑪景気循環
　⑫安定化

---

p.63　ぴたトレ2

① (1)融資　(2)市中銀行
② (1)①資本金　②投資　③投機
　(2)株価
③ (1)資源配分
　具体例：道路，ダム，警察，消防など
　(2)財政政策

書きトレ! (例)紙幣(日本銀行券)を発行する。

考え方 ① (2)一般の銀行は市中銀行とよばれ，私たちが住宅ローンを借りたりお金を預けたりする

---

ことができる。日本銀行は日本の中央銀行であり，市中銀行とは異なる役割をもっている。

② (1)投資家は株式の価格(株価)が安いときに株式を購入し，値上がりしたときに売ることで，その差額を利益(利ざや)として受け取ることができる。利ざやの獲得だけを目的とした株式売買も多く，これを投資とは区別して投機とよぶ。

③ (1)道路・ダム・港湾などの社会資本や，警察・消防・教育などの公共サービスは，民間企業が市場を通して供給するのは難しいため，納められた税金をもとに政府が供給している。この政府の役割を財政の資源配分という。

書きトレ! 日本銀行は，日本の中央銀行。紙幣を発行できる唯一の銀行で，発券銀行ともよばれる。

---

p.64　ぴたトレ1

4 ①国税　②地方税　③同じ
5 ④歳入　⑤歳出　⑥地方交付税　⑦国債
6 ⑧国内総生産　⑨経済成長
　⑩インフレーション　⑪公開市場操作

---

p.65　ぴたトレ2

① (1)間接税
　(2)所得税，法人税，相続税など
② (1)①歳入　②国債　③地方債　④歳出
　(2)特別会計予算
③ (1)1万円
　(2)GDP

書きトレ! (例)脱税の問題が起こりにくいが，高所得者も低所得者も同じ税率のため，低所得者のほうが所得にしめる税負担の割合が高くなる。

考え方 ① (1)(2)税金を納める人と実際に負担する人が同じ税金を直接税，違う場合を間接税という。直接税には所得税や法人税，相続税などがあり，間接税には消費税，たばこ税，関税などがある。日本の国税における直接税と間接税の比率は約7対3である。

② (1)政府の毎年の収入を歳入，支出を歳出とい

---

う。国債は国の借金，地方債は地方公共団体の借金のことで，国債と地方債を合わせて公債という。1年間の予算で，歳出に対して歳入が不足した場合，政府は公債を発行して国民から借金をし，歳入の不足分を補う。

(2)政府が特定の目的にあてる部分を特別会計予算，日常的な活動にあてる部分を一般会計予算という。

3 (1)付加価値とは，1年間に新たに生み出される財やサービスの価値のこと。この問題では，商品の価格が3万円で，そのうち原材料などの費用が2万円であることから，付加価値は1万円となる。

(2)付加価値を日本全体で合計したものを国内総生産(GDP)，GDPが大きくなることを経済成長という。GDPの1年間の増加率が経済成長率である。

書きトレ! 消費税は所得に関わらず，支払いと同時に税を小売店などに納めるため，脱税や申告漏れなどの問題が起こりにくいのが長所である。しかし，所得の多い人と少ない人が同じ税率で課税されるため，所得の低い人の方が所得に占める消費税の負担の割合が高くなる逆進性の問題があり，公平とはいえないのが短所である。

## p.66～67 ぴたトレ3

1 (1)均衡価格 (2)①
(3)公正取引委員会
(4)(例)所得に関係なく，公平に供給されることが求められるから。

2 (1)a 間接金融 b 中央銀行 c ○
(2)融資
(3)証券会社

3 (1)所得の差を調整しながら，同じ公共サービスを供給することで，所得の再分配を図ること。
(2)資源配分
(3)国債

4 (1)①
(2)②
(3)金融政策
(4)(例)国内総生産(GDP)の1年間の増加率。
(5)エ

**⚠ミスに注意**

金融政策と財政政策

| | |
|---|---|
| 金融政策 | 日本銀行が行う景気対策。 |
| 財政政策 | 政府が行う景気対策。 |

考え方

1 (2)大型連休になると観光地に訪れる人が増えるため，需要量が増えるが，ホテルの部屋の数が増えるわけではないため供給量は一定である。そのため，①のように価格が上がる。

(3)生産者どうしが相談をして，競争を避けることを禁止する独立禁止法は，公正取引委員会によって運用されている。

(4)電気，ガス，水道など誰にとっても必要なものは，所得に関わりなく公平な供給が求められるため，価格は政府や地方公共団体が管理している。

2 (1)家計が銀行を介して行う金融は間接金融。直接金融は，企業が証券市場を通じて会計などから直接資金を調達する方法。

3 (1)所得税の累進課税制度とは，所得税の税率を所得によって変えることで，低所得者の税負担を軽くし，その分を高所得者が負担する制度。税を払った後の所得の差を減らし，他方で同じように公共サービスや社会保障を受けられるようにすることで所得の再分配を行っている。

(2)資源配分は民間企業だけではすべて供給できないものを，政府が税金をもとに供給すること。財政の3つの役割である資源配分・所得の再分配・経済の安定化の違いをおさえておこう。

4 (1)好況が行きすぎると，多くの財やサービスの需要が供給を上回って，物価が上がり続けるインフレーション(インフレ)が起こる。

(2)政府は経済の安定のために，不況(不景気)のときは所得税の減税や公共事業などの歳出を増やすことで景気を上向きにするなどの財政政策を行う。
一方，好況(好景気)のときは増税や公共事業などの歳出を減らし，行きすぎた景気を抑える。

(3)日本銀行が行う公開市場操作などは金融政策である。同じ景気対策として，政府が行うものは財政政策のため注意しよう。

(5)アは，景気を抑えるために公共事業を減らすため，あやまり。
イは，経済政策は日本銀行の金融政策と，政府の財政政策を適切に組み合わせて行っている。
ウは，経済状態としては好況が望ましい。

景気対策は，政府の財政政策と日本銀行が行う金融政策が混合しやすいが，政府が税金を集めて政策にあてる活動を「財政」ということをふまえると理解しやすい。好況・不況になるとおこる現象と，それに対する解決策はセットで覚えよう。

## 第5章 安心して豊かに暮らせる社会

> **p.68** ぴたトレ**1**

1 ①社会保障制度　②高齢者（こうれい）

2 ③社会保険　④公的扶助（ふじょ）　⑤生活保護
　⑥公衆衛生　⑦国民年金　⑧生存

> **p.69** ぴたトレ**2**

1 (1)生活保護
　(2)年金保険，医療保険，介護保険(順不同)

2 (1)①公的扶助　②社会福祉　③感染症
　(2)雇用保険

**書きトレ！**（例）高齢者の数が増えるため，社会保障制度を支えるための保険料や税金がより多く必要になってくる。

**考え方**

1 (2)社会保障とは，個人の努力だけでは問題を解決することが難しい場合に，社会全体でお互いを助け合うしくみ。日本国憲法でも「健康で文化的な最低限度の生活を営む権利」(第25条)が，生存権として保障されている。高齢になると体が弱くなり，退職する人も多いことから，年金保険，医療保険，介護保険が多く使われている。

2 (2)日本の社会制度の中心になっているのが社会保険である。社会保険には年金保険，健康保険，雇用保険，労働者災害補償保険，介護保険などがある。また，収入が少なくて生活に困っている人に対しては，生活費や教育費を給付する公的扶助の制度や，障がいのある人や高齢者などに対して，生活の保障や支援サービスを提供する社会福祉の制度がある。

**書きトレ！** 日本は65歳以上の人口の割合が人口全体の27％を超え，世界で最も高齢化が進んだ国になっている。社会保障制度はすべての世代の生活を支援しているが，特に高齢者に多く利用されており，今後その財源をどうしていくか考える必要がある。

> **p.70** ぴたトレ**1**

3 ①少子高齢　②社会保険料　③介護保険制度
　④自助

4 ⑤社会資本　⑥バリアフリー
　⑦ユニバーサルデザイン　⑧合理的配慮

**ぴたトレ2**

❶ (1)少子高齢社会 (2)介護保険制度
(3)イ

❷ (1)社会資本 (2)ユニバーサルデザイン
(3)視覚障がい者誘導用ブロック，段差の解消，
障がい者用トイレなど

書きトレ! (例)多くの給付を受ける高齢者が増加する
が，保険料や税金を負担する現役世代は減
少するため。

考え方 ❶(3)イ社会保障制度とその財源をどうするかは
重要な課題となっており，制度を維持する
方法の一つとして，社会制度の給付を減ら
すことも考えられる。しかし，給付が減る
ことで生活が成り立たなくなる人が増える
可能性もある。
❷(3)階段に車いす用のスロープを取り付けたり，
歩道や電車・バスから段差をなくしたりす
るなど，物理的・心理的な壁を取り除くこ
とをバリアフリーという。

書きトレ! 少子高齢化が進むにつれて，増大する高齢
世代を支える財源の多くを，減少する現役
世代が負担することになり，今後の大きな
課題となっている。

**ぴたトレ1**

1 ①公害対策基本 ②環境庁
③汚染者負担の原則 ④環境基本
⑤環境アセスメント ⑥循環型
2 ⑦環太平洋パートナーシップ（かんたいへいよう） ⑧空洞化（くうどう）
3 ⑨六次産業化

**ぴたトレ2**

❶ (1)①熊本県（くまもと） ②富山県（とやま）
(2)環境アセスメント

❷ (1)多国籍企業 (2)モノカルチャー

❸ (1)六次産業化 (2)①ウ ②イ

書きトレ! (例)雇用が減り，地域経済が衰退する。

考え方 ❶(1)公害とは，本来は自然環境に存在しなかっ
た性質の廃棄物が大量に発生するなど，環
境がもつ浄化と再生の能力が破壊される環
境問題。日本では高度経済成長期に重化学
工業化が進んだ際，工場から有害物質が未
処理のまま排出されたことにより，水質汚

濁や大気汚染，土壌汚染，騒音，地盤沈下
などの公害による被害が全国各地で続発し
た。
❷(2)一つの国の経済が特定の鉱産資源や農産物
に依存している状況のことをモノカル
チャーという。輸出品の価格は国際市場に
よって変わるため，経済が安定せず，暴落
すればその国の経済に大きな影響を与える。
植民地支配が長く続いたアフリカなどの発
展途上国に多い。
❸(1)地元の食材を加工し，独自の地域ブランド
として販売する「六次産業化」の動きは全国
各地に広がっている。

書きトレ! 経済のグローバル化に伴い，安い労働力や
土地を求めて海外に移転する企業が増えた
ことにより，国内の雇用や生産が減少して
いる。

**ぴたトレ3**

❶ (1)イ：A ウ：A
エ：C カ：B
キ：D
(2)生存権
(3)介護保険制度
(4)(例)社会の高齢
化が進み，高齢
者の数が増えて
いるから。

⚠ミスに注意

**基礎年金と厚生年金**

| 基礎年金 | すべての国民が加入する。 |
| --- | --- |
| 厚生年金 | 会社員などが加入し，基礎年金に上乗せされて支給される。 |

❷ (1)①ア：A ②エ：C ③キ：A
④イ：D
(2)公害対策基本法 (3)環境基本法
(4)(例)自然の再生・浄化の能力を尊重した社会。

❸ (1)産業の空洞化
(2)①イ ②ウ ③ア
(3)イ

考え方 ❶(1)ア，オは国が保障する社会保障にあたらな
い。
(3)介護サービスなどの費用は，40歳以上の人
が支払う介護保険料と，私たちの納める税
金でまかなわれている。
(4)社会保障制度は特に高齢者が多く利用して
いる。平均寿命が延び，高齢化の進む日本
では社会保障制度を支えるための費用がさ

らに増えることが予想される。

❷(1)①新潟水俣病（新潟県）と③水俣病（熊本県）は，工場廃水中の水銀などから引き起こされた水質汚濁によるもの。

②四日市ぜんそく（三重県）は，コンビナート工場群の排出した亜硫酸ガスが原因の大気汚染によるもの。

④イタイイタイ病（富山県）は，鉱山から神通川流域に排出したカドミウムが原因の水質汚濁によるもの。

(2)(3)住民運動や世論が政府や企業に公害防止の努力を促し，1967年に公害対策基本法が制定された。しかし，公害防止に強力な内容でなかったため，1993年に環境基本法が制定された。

❸(2)①BRICSは広い国土と豊かな資源をもち，経済成長が著しいブラジル，ロシア，インド，中国，南アフリカの5か国の頭文字を取ってつくられた言葉。

②TPP（環太平洋パートナーシップ）協定は，太平洋を囲む国々を中心に，相互の関税を撤廃して貿易の自由化を進める協定。

③NIES（新興工業経済地域）は近年，政治や経済などの分野で成長が著しく，特に急速に経済が発展した国や地域のこと。アジアNIESは韓国，シンガポール，台湾，ホンコンをさす。

(3)アは，工業化による経済発展から，各地の再生可能な自然資源をいかした発展を重視する考え方が広がっている。

ウは，三次産業化ではなく六次産業化が正しい。三次産業は商業や金融業，サービス業などのこと。

エは，自然資源は，再生能力を考慮して使えば，持続的な活用が可能である。近年では，自然資源を生かした発展が進められている。

**単元のココがポイント！**

社会保障制度は第1章の少子高齢化や第4章の経済とも深く関わっている。これらを関連づけて学習を進めると，それぞれの単元の理解も深まる。四大公害訴訟は地図と合わせて出題されることが多い。それぞれ発生場所や原因などとセットで覚えよう。

## 第6章 国際社会に生きる私たち

**p.76 　ぴたトレ1**

**1** ①パスポート　②主権　③主権平等の原則
④日章旗（にっしょうき）　⑤国際法　⑥条約
**2** ⑦12　⑧領海　⑨排他的経済水域（はいたてき）
⑩北方領土　⑪竹島　⑫尖閣諸島（せんかくしょとう）

**p.77 　ぴたトレ2**

**❶** (1)主権国家　(2)国際法　(3)国際慣習法
**❷** (1)①領空　②領土　③領海
(2)200　(3)竹島　(4)エ

**書きトレ！**（例）漁業でとれた水産資源や鉱物資源を，自国のものとすること。

**考え方**
**❶**(1)国内の政治や外交について，自ら決める権利が国家の主権であり，国際社会は主権国家によって構成されている。
(2)国際法は，国家間の長年のならわしによって成立した国際慣習法と，新たに国家間で合意された条約の二つに分けられる。国際慣習法には侵略されないことや航海の自由など，条約には日米安全保障条約や子どもの権利条約などがある。
**❷**(2)領土の周辺の12海里までの範囲の海を領海といい，領海の外側で海岸線から200海里以内を排他的経済水域という。

**書きトレ！**排他的経済水域の水産資源や鉱物資源などは沿岸国のものとすることが認められている。

**p.78 　ぴたトレ1**

**3** ①安全保障理事会　②常任理事国
③非常任理事国　④拒否権（きょひ）　⑤総会
⑥平和維持活動　⑦世界保健機関（WHO）
**4** ⑧ヨーロッパ連合　⑨ユーロ
⑩東南アジア諸国連合
⑪アジア太平洋経済協力（たいへいよう）
⑫環太平洋パートナーシップ（かんたいへいよう）

❶ (1)国際連盟　(2)中国，フランス(順不同)
　(3)①イ　②ア　③ウ
❷ (1)ユーロ
　(2)①イ　②エ　③ウ　④ア

書きトレ!／(例)紛争の解決を目ざし，世界の平和を維持する。

考え方
❶(1)第一次世界大戦後の1920年に国際連盟が発足したが，アメリカの不参加などにより，第二次世界大戦を防ぐことができなかった。
　(3)国連にはさまざまな専門機関や補助機関がある。エの世界保健機関はWHO。
❷(2)①東南アジア諸国連合(ASEAN)は，アジアの地域内での発展や協力を目ざして1967年に設立された。加盟国はタイ，インドネシア，フィリピン，マレーシア，シンガポール，ブルネイ，ベトナム，ミャンマー，ラオス，カンボジアの10か国。
　②アジア太平洋経済協力(APEC)は，1989年にオーストラリアの呼びかけで始まった。日本，アメリカ，韓国など21の国と地域が参加。
　③北米自由協定(NAFTA)は，1994年にアメリカ，カナダ，メキシコによって発効された。
　④経済連携協定(EPA)は，自由貿易協定を拡大し，投資や人々の協力も含めて，さらに幅広い経済関係強化を目ざした協定。日本は2018年にEUとの間に日EU経済連携協定を結んだ。
　オのFTAは自由貿易協定，カのTPP(協定)は環太平洋パートナーシップ協定をさす。

書きトレ!／国連で平和の維持を担当するのが安全保障理事会であり，アメリカ，イギリス，中国，フランス，ロシアの5か国の常任理事国と，任期が2年で毎年半数ずつ改選される10か国の非常任理事国から構成されている。重要な議題については，常任理事国のうち，1か国でも反対すると決定できないしくみになっている。

5 ①政府開発援助　②青年海外協力隊
　③NGO
6 ④非核三原則　⑤北朝鮮
　⑥核兵器不拡散条約　⑦アメリカ　⑧国連

❶ (1)①ア　②エ　③イ
　(2)NGO(非政府組織)
❷ (1)核兵器不拡散条約(NPT)
　(2)核兵器禁止条約　(3)広島，長崎(順不同)
　(4)ウ

書きトレ!／(例)北朝鮮の核やミサイル開発の放棄，拉致被害者の帰国など。

考え方
❶(1)日本は，青年海外協力隊を派遣して経済発展や福祉の向上を支援してきたほか，多くの政府開発援助(ODA)を提供してきた。ウのNPTとは核兵器不拡散条約のこと。
　(2)NGO(非政府組織)による海外での支援活動も活発化しており，活動分野は発展途上国や紛争地域での医療，貧困対策，農業，技術支援，環境保護など広い範囲にわたっている。
❷(2)核兵器禁止条約は核兵器の開発や実験，核兵器を使った威嚇行為などを禁止した国際条約。日本は不参加の立場をとっている。
　(4)南アフリカ共和国は1990年までに自国で製造していた核兵器をすべて廃棄した。北朝鮮，中国は核保有国である。イランは一時，核兵器開発の停止に合意したが，アメリカが合意から離脱したため，今後の見通しは立っていない。

書きトレ!／北朝鮮は国連の決議に反して，1990年代から核兵器やミサイルの開発に取り組んでおり，日本の脅威となっている。また，北朝鮮に拉致されたまま行方が分かっていない被害者が多くいる。

❶ (1)主権国家
　(2)①イ
　②(例)領海の外側で，海岸線から200海里までの範囲。
❷ (1)A総会　B安全保障理事会
　(2)①非常任理事国
　②拒否権
　③フランス
　ロシア(順不同)
　(3)①イ　②ウ
　③ア

⚠ミスに注意

| WHOとWTO | |
|---|---|
| WHO | 世界保健機関(World Health Organization) |
| WTO | 世界貿易機関(World Trade Organization) |

❸ (1)①ア　②エ　③イ

**④** (1)①政府開発援助(ODA)
②NGO(非政府組織)
(2)核兵器不拡散条約(NPT)　(3)ウ

**❶** (2)①竹島は島根県。**ア**は北方領土，**ウ**は尖閣諸島をさす。

**❷** (1)国際連合は，総会を中心に，事務局，安全保障理事会，信託統治理事会(現在は活動停止中)，経済社会理事会，国際司法裁判所で組織され，さまざまな分野の専門機関が設置されている。

(2)②常任理事国には，1か国でも反対すると決定できない「五大国一致の原則」があり，このような権利を「拒否権」という。

**❸** (1)①地域ごとに国家間の経済関係を密接にして，経済活動が行いやすいしくみをつくろうとする動きを地域統合(地域主義)といい，1993年にヨーロッパ連合(EU)が発足した。EUの加盟国の多くは，共通の通貨であるユーロを使用している。しかし，他国への支援や難民問題をめぐって不満をもつ人が増えたことから，2020年にイギリスがEUを離脱した。

②北米自由貿易協定(NAFTA)は，1994年にアメリカ，カナダ，メキシコによって発効され，特にアメリカとメキシコとの間の貿易が拡大した。しかし，自由貿易への批判が高まって，見直し再交渉が行われ，2020年にUSMCAという新しい協定が発効した。

③環太平洋パートナーシップ(TPP)協定は，相互の関税を撤廃し，貿易の自由化を進めた経済協定。工業製品の輸出拡大が期待できるが，一方で安価な農産物が輸入されることで国内の農業に影響を与えると考えられている。

**ウ**のAPECはアジア太平洋地域の諸国を結んで，地域協力を推進している経済協力組織。

**❹** (3)日本政府は核兵器を保有しない方針をとっているが，核兵器による威嚇などに対抗するためにアメリカの核抑止力に依存している。

---

**単元のココがポイント！**

国連のしくみは，機関名と役割をおさえておく。特に安全保障理事会は五大国の国名，拒否権は必ず覚えておこう。地域統合は，ヨーロッパ，アジア，アメリカ，アフリカに大きく分けて整理する。加盟国などの最新情勢が変わることもあるので普段からニュースなどで注意しておきたい。

---

**p.84　ぴたトレ1**

**1** ①冷戦　②地域紛争　③アフリカ分割
④難民　⑤UNHCR

**2** ⑥民族　⑦多民族国家　⑧宗教
⑨パレスチナ

---

**p.85　ぴたトレ2**

**❶** (1)テロリズム(テロ)
(2)①民族　②他国(国外)　③シリア

**❷** (1)多民族国家　(2)オスロ合意
(3)エルサレム　(4)イ

**書きトレ!** (例)世界各地の難民を保護し，救援活動を行っているなど。

**❶** (2)難民とは，民族や宗教，国籍の違いなどを理由に，自国にいると迫害を受ける恐れがあるため他国に逃れた人々のこと。イラクやアフガニスタンなどのイスラム地域やアフリカ諸国では，国内の混乱が続いて深刻な難民問題が起きている。

**❷** (2)イスラエルとパレスチナは，領土の問題や宗教の違いなどから，深刻な対立状況にある。1993年，ノルウェーの首都オスロで，イスラエル政府とパレスチナ解放機構(PLO)が初めて和平交渉に合意したが，依然として和平の実現にはいたっていない。

(4)インドとパキスタンは，もとは一つの国であり，イギリスの植民地となっていた。しかし，第二次世界大戦後，ヒンズー教徒の国インドと，イスラム教徒の国パキスタンに分離して独立することになった。

**書きトレ!** 迫害や武力紛争などにより国境を逃れる人を難民という。国連難民高等弁務官事務所(UNHCR)は，1950年に設立された国連の難民支援機関で，世界各地の難民の保護と支援を行っている。

ぴたトレ**1**

**1** ①先進工業国　②発展途上国　③南北問題
④南南問題　⑤持続可能な開発目標

ぴたトレ**2**

**1** (1)南北問題

(2)南南問題

(3)SDGs

(4)フェアトレード

(5)①ウ　②エ
③ア

(6)イ

⚠️ミスに注意

**南北問題と南南問題**

| 南北問題 | 先進工業国と発展途上国との経済格差。 |
|---|---|
| 南南問題 | 発展途上国間での経済格差。 |

書きトレ! (例)先進国では高い水準での生活が可能だが，途上国では貧困や飢餓が深刻で格差が大きいという問題。

考え方
**1** (2)地球の南側に多い発展途上国の中でも，工業化が進んだ国や豊かな資源をもつ国との間で経済格差が広がっている。この経済格差から生じる問題が南南問題。

(4)フェアトレードとは，チョコレートやコーヒーなど，途上国で生産された農産物や製品を適正な価格で購入することにより，途上国の生産者や労働者の生活の改善と自立を目ざす取り組みのこと。

(5)GNI(国民総所得)とは，GDP(国内総生産)から外国に支払った所得を除き，外国から受け取った所得を加えたもの。各国の経済活動の水準の目安として用いられている。

(6)途上国の多くは，植民地時代に，限られた農作物の栽培を強制されていた。独立後も，限られた農産物の生産や輸出に依存するモノカルチャー経済から抜け出せず，工業化が進んでいない国や地域では，先進国との格差が大きくなっている。

書きトレ! 南北問題は先進工業国と発展途上国との経済格差のこと。途上国では紛争などの問題も多く，食糧や医療などが十分に行き渡っているとはいえない。

ぴたトレ**1**

**4** ①アフリカ　②人口爆発　③食糧不足
④途上国　⑤水不足

**5** ⑥子ども兵士

ぴたトレ**2**

**1** (1)①エ　②ウ　③ア　④イ
(2)ウ

**2** (1)初等教育　(2)イ

書きトレ! (例)初等教育が普及していない，児童労働や兵士として戦争に参加させられるなどの問題。

考え方
**1** (2)2019年現在，世界の人口は77億人を超えている。特にアジアやアフリカ地域などで急激に増え，2050年には90億人になると予測されている。

**2** (2)途上国は貧困率が高いところが多い。貧困率が高い地域では女性や子どもは弱い立場におかれることが多く，女子児童の死亡率が高い国もある。

書きトレ! 児童労働とは，法律で定められた就業最低年齢(就業最低年齢は通常15歳，危険な労働については18歳)を下回る児童によって行われる労働。特に途上国や紛争が続く地域で多くみられ，子どもの体や心に悪影響を及ぼし，教育の機会を奪う原因となっている。

ぴたトレ**1**

**6** ①化石燃料　②レアメタル　③原子力発電
④東日本大震災　⑤再生可能

**7** ⑥オゾン層　⑦温室効果ガス
⑧国連環境開発会議　⑨京都議定書
⑩パリ協定　⑪名古屋議定書

ぴたトレ**2**

**1** (1)ウ　(2)再生可能エネルギー
(3)バイオマス

**2** (1)①気候変動枠組　②京都　③パリ
(2)アメリカ　(3)ア

書きトレ! (例)化石燃料をほとんど使わず，再生できる資源を使って発電するため，環境への負担が小さい。

考え方
**1** (1)化石燃料は産出地などにかたよりがあり，可採年数も限られているが，新興国などの工業化に伴い，消費量は急増している。そのため，新たな資源の開発や省資源の技術開発が進められている。

(3)バイオマスは，さとうきびやとうもろこしからつくられる燃料。農産物からつくられるため，バイオマスを過度に増産しようとすると，食料用の農産物の供給が減少する可能性がある。

❷(1)1992年に開かれた国連環境開発会議(地球サミット)で「気候変動枠組条約」が署名され，1997年には「気候変動枠組条約第3回締約国会議(COP3)」において，先進国に温室効果ガスの削減目標を定めた京都議定書が採択された。
(2)アメリカは，発展途上国に温室効果ガスの削減義務がないことなどを不服として早々に離脱した。

書きトレ！ 再生可能エネルギーは太陽光，風力，波力，水力，地熱，バイオマスなどを利用して作られるエネルギーで，廃棄物処分の心配などもなく，環境への負担が小さい。一方，開発費用や電力供給がまだ不安定であるという問題点もある。

## p.92〜93  ぴたトレ3

❶(1)UNHCR
(2)アフリカ分割
(3)(例)初等教育が普及していない。
❷(1)①国民総所得　②発展途上国(途上国)
　　③ウ　④モノカルチャー経済
(2)(例)途上国では食糧が不足しているが，先進国では食べ残しを多く廃棄している。
(3)①ア　②イ
❸(1)①二酸化炭素　②京都議定書　③パリ協定
　　④アメリカ
　　⑤(例)海抜の低い地域や国が水没する。
(2)メリット…(例)装置が故障しにくい。装置をどこにでも設置可能である。
　デメリット…(例)気象に影響されやすく発電量が不安定である。建設費用が高い。

考え方 ❶(2)アフリカには，19世紀にヨーロッパ諸国によって行われた「アフリカ分割」によって，各地の少数民族の文化や宗教を考慮せずに直線的に引かれた国境線がある。これにより，同じ言語や文化をもつ人々が複数の国に分断されたり，異なる習慣をもつ民族どうしが同じ国民とされたりしたため，対立や争いが生まれた。

(3)国連は，すべての子どもに初等教育を普及するという目標を掲げているが，紛争地域や貧困率が高い地域では，学校に通えない子どもが多く存在している。

❷(1)③発展途上国の中でも，新興工業経済地域(NIES)やBRICS，原油など豊かな資源をもつ国との経済格差が広がっている国がある。この発展途上国の中での格差から生じる問題を南南問題という。NIESは，近年急速に工業化が進んだ，経済成長の著しい国や地域のことで，特に1970〜80年代は韓国・シンガポール・台湾・ホンコンが「アジアNIES」とよばれた。「BRICS」は，ブラジル・ロシア・インド・中国・南アフリカのこと。これからの経済成長が期待される国として，ベトナム・インドネシア・南アフリカ・トルコ・アルゼンチンは「VISTA」とよばれる。
(2)南北の経済格差による食糧配分のかたよりが起こっている。現在，世界には，すべての人が食べるのに十分な食糧が存在しているが，途上国では紛争や自然災害，人口の急激な増加などが原因で食糧が行き渡っていない。
(3)現在，世界では紛争や暴力，災害，貧困，環境問題，感染症などさまざまな問題が起こっている。さまざまな地球的規模の脅威から生命，身体，安全，財産を守り，すべての人々が安心して生きることができる社会を目ざす考え方を「人間の安全保障」という。

❸(1)①大気中の二酸化炭素などの気体(ガス)には，熱を吸収して一定の温度を保つはたらきがある。これらの温室効果ガスの濃度が高くなっていることが，地球全体の温度上昇の一因であると考えられている。温室効果ガスは，二酸化炭素・メタン・フロンなどのガスで，温室のガラスのように，太陽の光は通すが熱を逃がさないため，地球全体の温度が上がる。
②1997年に，二酸化炭素などの温室効果ガスの排出削減目標を数値化した京都議定書が採択された。
③2015年に採択されたパリ協定は，2020年以降の温室効果ガス排出削減などの新しい国際的な枠組み。途上国も含め，世界の平

均気温の上昇を産業革命前と比べて，2℃より低く保つ努力をすることが定められた。⑤海抜の低い地域などでは，潮が満ちると海水が道路や住宅に入りこむ，田畑に海水が入って作物が育たなくなる，飲料水に塩水が混ざるなどの影響が出ている。

(2)太陽の光を使って電気をつくるシステムは，発電するときに二酸化炭素などを排出しないことから，地球温暖化の解決に役立つと考えられている。建物の屋根などさまざまな場所に設置できるが，夜間や雨の日など，太陽光が弱くなる日は発電できないなど，自然条件に左右されやすく，電力供給の安定性に課題が残っている

**単元のココがポイント!**

南北問題・南南問題はそれぞれ何が問題なのかを整理しておく。中国や産油国（サウジアラビア）は南南問題で出てくるので覚えておこう。環境問題は，京都議定書とパリ協定の違いに注意する。

**p.94～95**　　　　　　　　　　ぴたトレ**1**

1　①SDGs

2　②テーマ　③根拠　④対話

# 定期テスト予想問題〈解答〉 p.98〜111

## p.98〜99　第1回

**出題傾向**

＊「私たちが生きる現代社会」の単元では，グローバル化，情報化，少子高齢化についての出題が多い。今後の単元とも関係している部分が多いので，それぞれの特徴や問題点をおさえておこう。
＊「現代につながる伝統と文化」の単元では，文化についての出題が多い。日本の年中行事について確認しておこう。
＊「私たちがつくるこれからの社会」の単元では，きまりと採決の出題に注意する。多数決と少数意見の尊重も大切なので覚えておこう。

❶ (1)①イ　②ア　③エ
　(2)ウ
　(3)①少子高齢化　②イ
　　③(例)一人当たりの負担が増える。

❷ (1)①アニミズム　②ウ
　(2)イ

❸ (1)(例)人は他者とともに生活することで成長するから。
　(2)社会集団
　(3)Ⓐエ　Ⓑア　Ⓒウ　Ⓓイ
　(4)①ウ　②ア

**考え方**

❶ (2)SNSは多くの人との交流や情報交換ができる一方，有害な情報のやり取りや個人情報の流出などのトラブルも増加している。
　(3)②一度出産や育児で退職すると正社員に戻りにくいなどの問題があり，出産後も女性が働きやすい環境を整える必要がある。

❷ (1)②現代の日本では，伝統的な初詣や七五三などに加えて，キリスト教の影響を受けているものも年中行事として多く広まっている。これは日本人の宗教への寛容性や多様性によるものである。
　(2)鎌倉時代に栄西が茶を持ち帰り，安土・桃山時代に千利休が茶の湯を大成させた。

❸ (1)私たちはさまざまな社会集団の中で，たくさんの人とかかわりあって生きている。家庭生活，地域社会，学校，職場といった社会集団に出会い，それぞれの中で，社会で生きていくうえで必要な社会のしくみを学

び，判断力や行動力を身につけていく。
　(3)ルールを考える上で大切なことは，効率のよい，公正なルールになっているか，また人々の合意が得られているかである。
　(4)第三者が一人で決める場合，決定までの時間は短くすむが，当事者たちの意見が反映されにくいのが短所である。
　複数の代表者が話し合って決める場合，全員で話し合うよりは早く決定できるが，全員の意見がうまく反映されないことがある。

## p.100〜101　第2回

**出題傾向**

＊「日本国憲法の成り立ちと国民主権」の単元では，日本国憲法の三つの原理についての出題が多い。大日本帝国憲法とのちがいをおさえておこう。
＊「憲法が保障する基本的人権」の単元では，基本的人権の内容についてよく出題される。平等権をはじめとしていろいろな人権を覚えておこう。また，国際社会における人権の尊重についてもおさえておきたい。
＊「私たちと平和主義」の単元では，日本の平和主義の考え方を理解し，自衛隊の役割やアメリカとの関係をおさえておこう。

❶ (1)モンテスキュー
　(2)ワイマール憲法
　(3)①天皇　②内閣　③Ⓑイ　Ⓒア　Ⓓウ
　(4)① 9　②日米安全保障条約

❷ (1)①エ　②ア　③ウ
　(2)18

❸ (1)(例)別室受験を許可する，読み上げ機能の使用を許可する，試験時間の延長を認めるなど。
　(2)①ウ　②イ　③ア
　(3)①生存権　②エ

**考え方**

❶ (1)モンテスキューはフランスの思想家。立法・行政・司法の三つの権力の分立(三権分立)を主張した。
　(3)①大日本帝国憲法では主権が天皇にあったのに対し，日本国憲法では主権は国民にあると規定されている。天皇は日本国の象徴

24　社会

として，国の政治に関する行為は行わずに国事行為のみを行う。

**❷** (1)イの請求権は，基本的人権を侵害されたり，不利益な扱いを受けたりしたときに国に対して救済を求めることができる権利のこと。

**❸** (1)合理的配慮とは，障がいのある人に対して，状況に応じて負担が重すぎない程度に対応すること。

(3)エの環境権は，人々が快適な環境で健康に暮らす権利のこと。国は環境基本法を制定し，環境に配慮した社会をつくるために国や地方公共団体，企業が果たす役割を規定した。

**p.102～103** **第3回**

出題傾向

＊「民主政治と日本の政治」の単元では，民主主義の形，選挙のしくみについての出題が多い。選挙権の年齢引き下げや投票率低下の問題も確認しておこう。

＊「三権分立のしくみと私たちの政治参加」の単元では，衆議院の優越，内閣の働きなどがよく出題されている。第4回のテストと合わせ，国会と内閣の関係を理解しておこう。

**❶** (1)Ⓐイ　Ⓑア

(2)ウ

(3)世論

**❷** (1)①最高機関　②立法機関
　　③常会(通常国会)　④150

(2)①A解散　B25　C30　②二院制　③ア
　④(例)任期が短く，解散があるため，選挙による国民の意思を強く反映していると考えられるから。

**❸** (1)Ⓐア　Ⓑエ

(2)議院内閣制

(3)エ

(4)(例)総辞職するか，10日以内に衆議院を解散する。

**考え方**

**❶** (3)世論の基本となっているのは，一人ひとりの意見である。それが多くの人々に共有されて，はじめて世論として形づくられていく。

**❷** (1)日本国憲法第41条に，国会の地位と立法権について定められている。

(2)③日本国憲法改正の発議は，衆議院または参議院のいずれかの議員の総議員数の3分の2以上の賛成が必要である。

**❸** (1)国会は内閣総理大臣を国会議員の中から選び，指名する。

(3)弾劾裁判所の設置は国会の仕事である。

**p.104～105** **第4回**

出題傾向

＊「三権分立のしくみと私たちの政治参加」の単元では，裁判の種類や働き，国会・内閣・裁判所の関係がよく出題される。第3回のテストを復習し，三権分立の図の内容を理解しておこう。

＊「地方自治と住民の参加」の単元では，直接請求権の請求内容別の必要な署名数や請求先の組み合わせ問題がよく出題される。しっかり整理しておこう。

**❶** (1)①家庭　②三審制　③控訴　④上告

(2)①イ　②ウ　③ア

**❷** (1)①国会　②内閣　③裁判所

(2)①ⓘ　②ⓤ　③ⓞ　④ⓐ　⑤ⓚ

(3)イ

**❸** (1)地方分権

(2)エ

(3)(例)地域ごとに異なる経済状況から生まれる，財政の格差を減らすため。

**考え方**

**❶** (2)エの刑事事件を捜査し，被疑者を逮捕するのは警察官である。

**❷** (1)立法権＝国会，行政権＝内閣，司法権＝裁判所の三権がたがいに抑制し合い，均衡を保つことによって，一つの機関だけに権力が集中することを防ぎ，バランスをとっている。

(2)⑤弾劾裁判とは，裁判官の憲法違反やそのほか不適任だと思われることに対して，裁定を下す裁判である。

**❸** (2)アは3分の1ではなく，50分の1が正しい。イは，議員の解職請求は住民が行い，有権者の3分の1以上の署名が必要である。ウは，特別法をつくる場合はその地域の住民投票で過半数の賛成を得る必要がある。

＊「消費生活と経済活動」「企業の生産のしくみと労働」の単元では，株式会社のしくみが問われる。株式会社と株主の関係を図で理解しておこう。
＊「市場のしくみとはたらき」の単元では，市場価格が出題される。需要と供給の関係を理解しておこう。
＊「金融のしくみと財政の役割」の単元では，中央銀行である日本銀行の3つの役割がよく出題される。また，景気変動のメカニズムが理解できているか，景気対策のためにどのような政策がとられるかが問われる。政府が行う財政政策と，日本銀行が行う金融政策のちがいに注意しよう。

❶ (1)①利益　②公企業　③株主総会
　(2)ア
❷ (1)A供給曲線　B需要曲線　(2)均衡価格
　(3)(例)価格が上昇する。
❸ (1)融資する相手から受け取る利子
　(2)日本銀行
　(3)Bア　Cウ　Dイ
❹ (1)消防，警察，教育などから一つ。
　(2)特別会計予算
　(3)累進課税
　(4)インフレーション（インフレ）
　(5)イ

考え方
❶ (1)企業には一般の個人や民間の団体などが資本金を出す私企業，国や地方公共団体が資金を出す公企業などがある。私企業は利益を得ることを目的として生産活動を行っている。一方，公企業は低価格での安定した供給が必要なことから公的に運営されており，利益の追求を目的としない企業である。
　(2)イの株式会社の利益は，会社に残す部分を除いてから，配当として分配される。ウの独立行政法人は公企業であり，株式会社ではない。エは，株主に会社の借金を返す義務はない。これを有限責任制という。
❷ (1)価格が安いときは消費者は商品をたくさん買うが，高いと買おうとしないので，需要曲線は右下がりになる。一方，価格が安いと売り手は商品を売ろうとしないが，高いとたくさん売ろうとするため，供給曲線は右上がりになる。

❸ (1)融資とは家計などから預かったお金をもとに，お金を必要としている企業などに貸し付けること。銀行は預金者に支払う利子よりも高い利子を融資する相手から受け取ることで，その差額を利潤としている。
❹ (1)警察・消防・教育などは，すべての人が使えるように，納められた税金をもとに政府が供給している。この政府の役割を財政の資源配分という。
　(5)インフレが起こるのは好況（好景気）のときである。好況のときは生産量も労働者も増え，インフレになると日本銀行は国債などを売って，社会に出回っている通貨を回収する。

＊「暮らしを支える社会保障」の単元では，日本の社会保障制度についての出題が多い。社会保障制度の内容と，少子高齢化との関係をおさえておこう。
＊「これからの日本経済の課題」の単元では，環境保護についての法制度がよく出題される。四大公害は必ずといっていいほど出題されるので，場所と内容をセットにして確実に覚えておこう。

❶ (1)イ
　(2)①エ　②ウ　③ア
　(3)給付を受ける高齢者は増加するが，保険料を支払う現役世代が減少するため，財政が不安定になる。
❷ (1)①公害対策基本法　②環境
　　③環境基本法
　(2)エ
　(3)①ア　②ウ　③エ　④イ
　(4)(例)ごみを減らしたり，資源として再利用したりすること。
❸ (1)エ
　(2)ウ
　(3)(例)地元の農産物などを加工し，独自の地域ブランドで販売すること。

考え方
❶ (1)日本では，医療保険と年金保険は「国民皆保険・皆年金」としてすべての国民が加入・給付の対象となっている。
　(2)雇用保険は社会保険に該当する。

❷ (2)工場建設や地域開発を計画する際に，住民の意向を尊重し，環境への影響を事前に評価する環境アセスメントの実施が，環境影響評価法(1999年)により義務づけられた。

❸ (1)アは，経済のグローバル化には情報も含まれる。イのアジアNIESは韓国，シンガポール，台湾，ホンコンが正しい。ウは，モノカルチャー化の説明が誤り。モノカルチャー化は，競争力の高い特定の農産物や鉱産資源を重点的に生産すること。

(2)アは，日本では人工知能やビッグデータなど高度な科学技術を利用した商品開発が進んでいる。イは，東京一極集中が正しい。エは，地方の農村では農林業が衰退し，若い世代が都市へ流出している。

p.110〜111

**第7回**

出題傾向

＊「国際社会の平和を目ざして」の単元では，主権国家，国際連合のしくみと働き，地域主義についてよく出題される。アルファベットの略称で問われることがあるので，混同しないように注意しよう。
＊「国際社会が抱える課題と私たち」の単元では，地球の環境問題や貧困問題がよく出題される。SDGsとあわせて理解しておこう。

❶ (1)主権平等(の原則)
(2)島根県
(3)①Ⓐ領空　Ⓑ領土　Ⓒ領海
②(例)領海の外側で海岸線から200海里までの範囲。

❷ (1)国際連合憲章
(2)安全保障理事会
(3)エ
(4)総会
(5)①イ　②ア
(6)ア

❸ (1)ウ
(2)太陽光，風力，水力，地熱，バイオマス，波力などから一つ。
(3)イ

❹ (1)国際連合が提唱した，持続可能な未来を目ざしてすべての国が取り組むべき普遍的な目標。

考え方

❶ (3)②領海の外側で海岸線から200海里以内を排他的経済水域といい，その水域内の水産資源や鉱物資源などは自国のものとすることが認められている。水域の外(公海)は国家主権が及ばない範囲とされ，原則としてどこの国の船でも自由に航行や漁業が可能となっている。

❷ (1)国際連合憲章は，1945年に51か国によって調印された国際連合の目的と基本原則をあらわしたものである。
(5)②イのIAEAは国際原子力機関であり，国連傘下の自治機関。ウのWTOは世界貿易機関。エのPKOは平和維持活動。
(6)イのNAFTAはアメリカ・カナダ・メキシコによる北米自由貿易協定。ウのAUはアフリカ連合。エのEUはヨーロッパ連合。

❸ (1)USMCAはアメリカ・メキシコ・カナダ協定であり，自由貿易協定である。

❹ (1)SDGsは，17の目標と169のターゲットから構成されている。それぞれの目標について理解し，持続可能性を妨げる課題の解決に向けて行動することが大切である。